TAN SALVAJES
COMO EL OESTE

Pilar Tejera

EDICIONES
CASIOPEA

Tan salvajes como el Oeste
© Pilar Tejera, 2024
© Ediciones Casiopea

ISBN: 978-84-126080-2-1
Depósito legal: M-13673-2024

Diseño de cubierta: CaryCar Servicios Editoriales
Maquetación: CaryCar Servicios Editoriales

Impreso en España

Creo que debimos encontrarnos entre ochocientas y mil mujeres en el camino, la mayoría de las cuales acompañaban a sus maridos con el fin de establecerse permanentemente en el oeste.

Wilk Defrees

ÍNDICE

PRESENTACIÓN

——◆•••◆•••◆——

*Mi padre, con lágrimas en los ojos,
intentó sonreír mientras un amigo tras
otro le estrechaban la mano en un último
adiós. Mi madre estaba abrumada por
el dolor. Por fin estábamos todos en los
carros. Los conductores hicieron restallar
sus látigos. Los bueyes avanzaron dando
comienzo el largo viaje.*

Margaret Reed

Las carretas quemadas, las lluvias de flechas, las manadas de búfalos, los infranqueables desfiladeros, las formaciones rocosas del Monument Valley que tanto le gustaban a John Ford, las diligencias huyendo a tiro limpio, Jerónimo, Cochise, el general Custer, *Little Big Horn*…, fueron escenas habituales en la vida de aquellos pioneros que cruzaron el continente americano en busca de una nueva vida. ¿Quién no ha disfrutado con el regalo de un buen wéstern una tarde de sábado? *Ford Apache*, *Centauros del Desierto*, *El hombre que mató a Liberty Valance*, *La Legión invencible*… Sin duda, la llegada del ferrocarril acabó con una era en que el romanticismo y el peligro se dieron la mano de forma magistral, al menos en la gran pantalla.

Y es que el Oeste, aquel espejismo que se extendía más allá del río Misisipi hacia las costas del Pacífico, era un lugar imaginario, tan indómito como inhóspito.

En este mundo por descubrir y colonizar surgían imágenes tan sugerentes como el espectáculo de «las grandes llanuras», la hosca personalidad del valle del Pecos, las temidas colinas Negras, el inabarcable río Misuri, la barrera inexpugnable del Gran Cañón, la caudalosa fisonomía de Colorado, el despertar de ciudades asomadas al Pacífico, la promesa del ferrocarril, los tesoros ocultos en las minas, el sueño de una granja propia… El avance del «Este civilizado» sobre el «Oeste salvaje» supuso el encuentro y el choque entre dos mundos enfrentados y la apropiación de tierras nativas.

Con el tiempo, la frontera se convirtió en una llamada para aquellos dispuestos a labrarse un futuro con sus propias manos. Hubo quienes optaron por el camino de Santa Fe, que discurría por el centro de América del Norte, conectando las ciudades de Independence (hoy Misuri) y Santa Fe (hoy Nuevo México) a lo largo de unos 1400 kilómetros y estaba expuesta al ataque de los comanches. Pero, durante el duro viaje, las fantasías se toparon con realidades insospechadas que echaron por tierra la idea del paraíso.

Antes de la década de 1860, los llamados *Fifty-Niners* —por haber alcanzado California en 1859— poblaron el oeste del territorio de Kansas y al suroeste de Nebraska. En su mayoría eran hombres que habían viajado en solitario, pero a partir de esa fecha la presencia de familias fue algo habitual. El periodista Albert Richardson de Nebraska publicaba: «a las mujeres les está yendo relativamente bien: Aunque por lo general viajaban en carros de bueyes, muchas han llegado montadas a caballo. Todas parecían disfrutar de su llegada, aunque cada una se disculpaba por su aspecto».

Cuando, en 1862, el congreso aprobó una ley por la que cualquier ciudadano podía adquirir 160 acres de tierra pública por 10 dólares (Homestead Act), la llamada del lejano Oeste se disparó aún más. Estos pobladores fueron conocidos como *homesteaders* (colonos). Se estima que había entre ellos un cuarto de millón de viudas y solteras.

Cualquier iniciativa, comercio o negocio era recibido con los brazos abiertos. De modo que muchos empresarios prosperaron, y entre ellos un puñado de mujeres dispuestas también a probar suerte. De hecho, su participación fue un factor de estabilidad y desarrollo en los poblados y ciudades ganaderas que se fundaron a través de las escuelas, comercios e iglesias que contribuyeron a levantar.

Las historias de todas ellas son tan variadas como sorprendentes. Leer lo que escribieron y vivieron equivale a viajar al pasado. Casi pueden oírse los gritos de los salvajes, temblar al paso de una manada de búfalos o respirar el aire y el polvo de los caminos. Margaret Reed acuciada por el hambre y el frío en Sierra Nevada; Amelia Stewart, siguiendo la ruta de Oregón con su esposo y sus siete hijos; Sarah Ware, superviviente de un feroz ataque indio; Jenny Wiley y sus once meses de cautiverio con los *cherockees*; Jeanne Aspinwall, cruzando el continente a caballo; Annie Oakley, triunfando con su puntería; Ellen Elliot Jack, perdida en las minas de plata; Fannie Porter y su célebre burdel en San Antonio; Charley Parkhurst, conductora de diligencias; Eleanor Dumont y sus casas de juego en Nevada, Luzena Stanley, empezando una y otra vez; Pearl Hart, Rose Dunn y Belle Starr, cabalgando con los forajidos más buscados del Oeste... Aunque sus razones y experiencias fueron diferentes, todas ellas demostraron su capacidad para sobrevivir e incluso triunfar en regiones apenas accesibles al hombre blanco.

En ese laberinto llamado Oeste americano, tuvieron cabida la curiosidad y la sensibilidad de las mujeres. El eco de sus pasos y hazañas resuena aún en aquel territorio. Todas ellas fueron como islas, o como interrogantes que muy pocos supieron descifrar en un mundo dominado por los hombres.

Pero ellas siguieron moviéndose... a su propio ritmo. Ya lo dijo en una ocasión Lisa St. Aubin de Teran: «Viajar es como flirtear con la vida. Es como decir: "Me quedaría y te querría, pero me tengo que bajar: esta es mi estación"».

PIONERAS

Un rayo mató a un pobre infeliz quemando el carro con todo su contenido. Entonces, alguien se apresuró a hacer un agujero y lo metió allí. Junto a la tumba pusieron su sombrero carbonizado y el cuerpo de su perro.

Mollie Dorsey Sanford

CATHERINE HAUN

Viaje hacia el Oeste

1849

Aunque por lo general los viajes hacia las tierras del Oeste eran protagonizados por hombres, en modo alguno fueron los únicos en hacerlos. Muchos solteros (y casados que actuaban como solteros temporales) seducidos por la idea de tierras propias y vetas ricas en metales preciosos se desplazaron hacia el Oeste; pero lo idóneo del posible asentamiento a menudo dependía de la posibilidad de formar y mantener familias allí.

Por lo tanto, miles de mujeres recorrieron el *Overland Trail*[1] después de 1840, cuando despegó la gran migración hacia el Oeste. La mayoría de estas mujeres estaban casadas y, si bien algunas se vieron obligadas a trasladarse hasta allí, muchas otras insistieron en acompañar a sus hombres, porque estaban decididas a mantener la unidad familiar a pesar de los grandes riesgos potenciales que aquello conllevaba para su salud y seguridad. Algunas de las solteras se casaron durante el viaje o poco después, mientras que muchas mujeres casadas quedaron viudas. Muchas de estas pioneras tuvieron que afrontar los rigores del

---

1. Viaje terrestre. Llamadas así muchas de las rutas recorridas por los colonos desde el río Misuri hasta Oregón y California a partir de la década de 1840.

viaje estando embarazadas o mientras cuidaban a sus hijos pequeños. Alejadas de la civilización, estaban decididas a llevársela consigo.

Si bien el viaje resultó liberador para algunas de nosotras, la mayoría luchó con determinación contra los constantes desafíos a sus identidades femeninas y domésticas. Catherine Haun, una joven recién casada y de clase media, fue una de ellas.

A principios de enero de 1849, pensamos por primera vez en emigrar a California. Fue un período difícil a nivel nacional y al hallarse afectados nuestros intereses comerciales cerca de Clinton, Iowa, anhelábamos ir a El Dorado y obtener suficiente oro para regresar y pagar nuestras deudas.

* * *

En aquella época la «fiebre del oro» era contagiosa y pocos, viejos o jóvenes, escapaban a la enfermedad. En las calles, en los campos, en los talleres y junto al fuego, la dorada California era el principal tema de conversación. ¿Quiénes iban? ¿Cuál era la mejor manera de organizar el equipamiento? ¿Qué llevar como comida y ropa? ¿Quién se quedaría en casa para cuidar de la granja y de las mujeres? ¿Quién se llevaría a sus esposas e hijos?... Los consejos se daban de forma gratuita y, a menudo, sin ningún sentido común. Sin embargo, como dos cabezas piensan mejor que una, todas las ideas propuestas sirvieron como medio para alcanzar el fin. Los pretendidos aventureros recogieron sus pertenencias y después de cambiar los artículos que no eran necesarios por otros más adecuados para el viaje, mendigando, comprando o pidiendo prestado lo que pudieron, partieron con resolución.

En cuanto a nosotros, se nos unieron media docena de familias de nuestro entorno. Unas veinticinco personas integrarían nuestro pequeño grupo.

* * *

...Pasaron más de tres meses antes de que estuviéramos equipados. El 24 de abril de 1849 dejamos nuestros hogares comparativamente cómodos (y a los incómodos acreedores) para emprender una aventura incierta y peligrosa, más allá de la cual se alzaban, en nuestra imaginación, castillos de oro brillante.

Un manto de nieve cubría el suelo y los caminos estaban en mal estado, pero en nuestro afán por partir nos aventuramos sin dilación. Esto fue un error, ya que, si nos hubiéramos retrasado un par de semanas, el tiempo habría sido más benévolo, los caminos habrían estado en mejores condiciones y gran parte del desánimo y las dificultades de los primeros días de viaje se habrían evitado.

* * *

A finales de aquel mes llegamos a Council Bluffs[2], después de haber atravesado sólo el estado de Iowa, una distancia de unos 560 kilómetros, cada uno de los cuales, resultaba verde y brillante a la vista...

Como Council Bluffs era el último asentamiento en la ruta, nos preparamos para la inmersión final en el desierto revisando nuestros carros y deshaciéndonos de todo lo que nos sobraba...

* * *

---

2. Ciudad de Iowa

Se suponía que las carretas cubiertas de lona estaban, en la medida de lo posible, construidas según el principio del «maravilloso tiro de un solo caballo». Era muy importante que los animales fueran fuertes, ya fueran bueyes, mulas o caballos. Se preferían los bueyes porque eran menos propensos a sufrir una estampida o a ser robados por los indios y resistían mejor los recorridos largos y, aunque más lentos, eran estables y, a la larga, realizaban el viaje en un tiempo aceptable. Además, en caso de emergencia podrían utilizarse como carne de res. Las provisiones y municiones se protegieron del agua y el polvo con lonas pesadas.

También se tuvo en cuenta la buena salud y, sobre todo, una proporción no demasiado elevada de mujeres y niños. Las mañanas tenían que empezar temprano, siempre antes de las seis, y sería difícil tener a los niños listos a esa hora. Más tarde, la experiencia enseñó a las madres que, para no retrasar al resto, era mejor dejar que los niños más pequeños durmieran en los carromatos hasta que, después de varias horas de viaje, los despertaran.

Nuestra caravana tenía muchas mujeres y niños y aunque tal vez tardamos más en el viaje debido a su presencia, ejercieron una buena influencia, ya que los hombres evitaban correr riesgos innecesarios con los indios y así evitaban conflictos; todos ellos estuvieron más atentos al cuidado de las carretas y rara vez sufrieron accidentes; se prestó más atención a la limpieza y, por último, pero no menos importante, las comidas fueron más regulares y mejor cocinadas, evitando así muchas enfermedades y el desperdicio de alimentos.

* * *

Después de que se reuniera un número suficiente de carros y viajeros, procedimos a acordar y redactar un código de regulaciones para el gobierno y cuidados de las carretas, así como para la mutua protección, algo necesario dado el número de personas que íbamos a viajar juntas. Cada familia debía ser independiente pero parte de la gran unidad y se esperaba que cada hombre hiciera su parte del trabajo comunitario.

John Brophy fue elegido como coronel. Era un candidato acertado por haber servido en la guerra del Halcón Negro y, como gran parte de su vida la había pasado en la frontera, su experiencia con los indios resultaba excepcional.

Cada semana se designaban siete capitanes. Debían proteger los campamentos y los animales durante la noche. Se alternaban cada noche y en caso de peligro daban la alarma.

Cada día, al entrar en el lugar que serviría de campamento, el carro que encabezaba la marcha giraba hacia la derecha y el siguiente carro giraba hacia la izquierda, los demás lo seguían de cerca y siempre alternaban a derecha e izquierda. De esta manera se formaba un gran círculo, o corral, dentro del cual se levantaban las tiendas y se pastoreaban los bueyes. Los caballos se ataban cerca hasta la hora de acostarse, cuando eran conducidos y amarrados a los carros.

Mientras se cuidaba el ganado y los carros, se levantaban las tiendas y se encendían fogatas fuera del corral. Entonces se preparaba la cena para los hambrientos y agotados viajeros.

Cuando el terreno para acampar nos parecía justificar una parada, no viajábamos en sábado. Era entonces cuando los hombres reparaban carros, arneses, yugos, herraban a los animales, etc., y las mujeres lavaban ropa, hervían gran cantidad de frijoles como provisión para varias comidas, remendaban ropa y llevaban a cabo otras ocupaciones domésticas. El lunes por la mañana, nos sentíamos descansados, ya que el cambio de rutina había resultado reconfortante.

* * *

Los indios fueron siempre motivo de inquietud, pues nunca estábamos seguros de sus intenciones. El temor secreto y la vigilancia estaban justificados, porque las praderas eran traicioneras. En el lenguaje del trampero: «Las praderas eran las alimañas más peligrosas del mundo».

Una noche, después de retirarnos a dormir, algunos sobre mantas dispuestas en el suelo, otros en tiendas de campaña, bajo los carros o en el interior de los mismos, el coronel Brophy decidió improvisar un simulacro de ataque. Resultó una sorpresa para todos nosotros.

Yo me desperté con el sonido de los gritos de pánico. Tan ruidosos, que no podía oír lo que mis hijos decían. Me incorporé, y al darme cuenta de que no se trataba de un sueño, retiré a un lado la lona de la carreta para salir. Al mirar fuera, no supe como reaccionar ante lo que el coronel Brophy repetía: «¡indios, indios!». Todos estábamos sumidos en una gran confusión. Cada cual tomó un arma con prontitud y se preparó para el ataque. Las mujeres habíamos recibido instrucciones de buscar refugio en los carros en momentos de peligro, pero algunas gritaban presas del pánico, otras se desmayaban, unas cuantas se arrastraban bajo la protección de sus carretas sin atreverse a respirar. La mayoría estábamos paralizadas por el miedo, pero los hombres, sin excepción, actuaron sin dilación.

Instantes después, el coronel anunció que tan solo se trataba de una maniobra de ensayo. Se mostró satisfecho por los reflejos y el coraje con el que respondieron los hombres. Por suerte, nunca nos vimos en la situación de tener que poner aquello en práctica, pero el ejercicio resultó estimulante y nosotras, las mujeres, habríamos actuado con más valentía si la alarma hubiera vuelto a dispararse.

* * *

Después de un par de semanas de viaje, aparecieron a la vista las lejanas montañas del oeste.

Esta era la tierra del búfalo. Un mito envuelto en la leyenda y la fantasía del Oeste para muchos de nosotros. Uno de aquellos días, una manada vino hacia nosotros como una gran nube negra, una montaña en movimiento amenazante y veloz, y profiriendo bufidos salvajes, con las narices casi tocando el suelo y las colas volando en el aire. No tengo idea de cuántos eran, pero parecían innumerables y hacían un ruido ensordecedor y terrible. Como es su costumbre, al salir en estampida, no se desviaban de su rumbo por nada. Algunos de nuestros carros estaban dentro de su línea de avance y en consecuencia uno fue demolido y otros dos volcados. Varias personas resultaron heridas y a un niño se le dislocó el hombro, pero nadie murió.

Dos de estos búfalos fueron sacrificados y sus jorobas y lenguas nos proporcionaron excelente carne fresca. Eran hembras y en consecuencia, la carne resultaba tierna y tenía un sabor agradable. El gran hueso de la pata trasera, tras ser despojado de la carne, se enterraba en brasas y al cabo de una hora se servía el tuétano cocido. ¡Jamás había probado algo tan delicioso!

* * *

Los trozos pequeños de los huesos, una vez secos, resultaron muy útiles como combustible. En las llanuras áridas, cuando nos quedábamos sin leña, llevábamos bolsas vacías y cada uno recogía astillas de huesos de búfalo a medida que caminaba. De hecho, no podríamos habernos arreglado sin este útil animal, siempre aprovechábamos su joroba, su lengua, su médula, su sebo, su piel o sus huesos…

* * *

Caminando con el río Platte[3] a la vista, cuyas aguas resultaban poco tentadoras debido a la proximidad del lago Alkali, hallamos un poste con un travesaño. Parecía indicar un ramal que se antojaba mejor que el que veníamos siguiendo… Decidimos tomarlo, pero al cabo de muchos kilómetros nos encontramos en un territorio desolado y accidentado que resultó ser el linde de las «Malas Tierras». Aún me estremezco al pensar en la fealdad y el peligro de aquel lugar…

* * *

No vimos nada vivo sino indios, lagartos y serpientes. Intentamos contener los nervios. El infierno no puede tener un aspecto más horrible. Los rayos del sol reflejados en el suelo parecían salidos de un horno durante el día y nuestras hogueras, así como las de los indios, proyectaban resplandores grotescos y sombras espeluznantes en la noche. ¡El demonio sólo necesitaría cuernos y unas pezuñas para completar tan aterradora imagen!

Para aumentar los horrores de aquel lugar, un hombre fue mordido en el tobillo por una serpiente venenosa. Aunque se

---

3. El río Platte, o río Chato del original en español, es un río del medio oeste de los Estados Unidos que fluye en dirección este por el estado de Nebraska hasta desaguar en el río Misuri —del que es su principal afluente— por la derecha, cerca de las ciudades de Omaha y Lincoln.

probaron todos los remedios disponibles en la herida, hubo que amputarle el miembro con la ayuda de una sierra de mano. Por suerte para él, tenía una esposa buena y valiente que lo ayudó y animó en aquel trance y no pasó mucho tiempo antes de que el hombre descubriera lo mucho que podía hacer y no sentirse como una carga, aunque la mujer tenía que hacer gran parte del trabajo de un hombre cuando estaban solos. Era mecánico y más tarde ayudó a reparar carros, yugos y arneses; y cuando la caravana estaba «en marcha», se sentaba en el pescante del carro y reparaba botas y zapatos. Resultó uno de los miembros más alegres del grupo, contaba buenas historias y cantaba junto a la fogata, avergonzando a los hombres sanos que eran dados a las quejas o al egoísmo…

Tras varios días, volvimos a la senda que habíamos dejado y nos adentramos en Black Hills Country…

* * *

No habíamos recorrido muchos kilómetros en Black Hills[4], al comienzo de las Montañas Rocosas, cuando comprendimos que tendríamos que aligerar nuestras cargas, ya que los animales no podían arrastrar los carros sobrecargados por aquellos caminos empinados y resbaladizos. Nos vimos obligados a sacrificar la mayor parte de las mercancías destinadas al trueque en California y las dejamos en el camino enterrando con especial cuidado los barriles de alcohol. Los indios no debían beberlo, pues, espoleados por sus efectos, podrían seguirnos y atacarnos…

* * *

---

4. En el estado de Wyoming.

Durante el día, las mujeres pasábamos una hora caminando, siempre hacia el oeste, íbamos de carro en carro, hablando de nuestra vida hogareña en «los Estados Unidos», de los seres queridos que habíamos dejado atrás, expresando nuestras esperanzas para el futuro en el lejano Oeste e incluso susurrando un pequeño chisme amistoso sobre la vida que llevábamos.

Hacer encajes, tejer, intercambiar recetas para cocinar frijoles o manzanas secas o alimentos en aras de la variedad, nos mantenía distraídas y representaba nuestras diversiones femeninas.

No nos quedábamos hasta tarde, pero cuando no estábamos demasiado absortas por el miedo a los pieles rojas o a otro peligro inminente, disfrutábamos aquellas horas alrededor de la hoguera. Los hombres fumaban en pipa y calculaban las millas recorridas ese día. Escuchábamos lecturas, cuentos, música y canciones y el día a menudo terminaba con risas y alegría.

Era el 4 de julio cuando llegamos al hermoso Laramie[5]. Sus aguas cristalinas y puras estaban repletas de peces que se podían pescar sin apenas esfuerzo. Fue necesario construir barcazas para cruzar el río y durante el retraso nuestros animales descansaron. También hicimos una de nuestras periódicas «limpiezas de casa». Este reajuste siempre renovaba el estado de las carretas, porque tras algunas semanas de viaje las cosas se confundían y a menudo había que abandonar las que estaban demasiado desgastadas para ser reparados.

* * *

El cólera prevalecía en las llanuras en esa época; tanto la caravana que nos precedía como la que llevábamos detrás sufrieron

---

5. Uno de los principales afluentes del río Platte Norte. Administrativamente, el río discurre por los estados de Colorado y Wyoming.

una o más muertes, pero, por suerte, nosotros no tuvimos ni un solo caso de la enfermedad. A menudo, varias tumbas juntas eran testimonio de una epidemia de viruela o de cólera. Los indios propagaban la enfermedad entre ellos desenterrando los cuerpos de las víctimas para obtener ropa. Muchos de ellos estaban picados de viruela...

* * *

Con considerable aprensión comenzamos a atravesar la región alcalina y sin árboles de la Gran Cuenca o Sumidero del Humboldt. Nuestros carros estaban muy desgastados, los animales exhaustos, los alimentos y el pienso para el ganado se estaban acabando y no había posibilidad de reponer el suministro. Durante el mes de tránsito experimentamos las mayores privaciones del viaje. No era raro ver tumbas, cadáveres de animales y carros abandonados. De hecho, estos últimos nos proporcionaron leña para las hogueras.

* * *

A través de este paisaje sombrío, solía montar a caballo durante varias horas del día, lo que resultaba un alivio de las continúas sacudidas de nuestro carro. También caminé mucho, lo que aligeraba la carga del carro.

Los hombres parecían más fatigados y hambrientos que las mujeres. Sufrimos nuestra única muerte en este desierto. Una mujer canadiense, la señora Lamore, enfermó repentinamente después del parto, dejando a sus dos hijas pequeñas y a su marido desconsolados. Paramos un día para enterrarla a ella y al bebé que había vivido sólo una hora en este lugar extraño y solitario alejado de todas partes y de todos.

* * *

Llegamos a Sacramento el 4 de noviembre de 1849, apenas seis meses y diez días después de salir de Clinton, y estando todos en bastante buenas condiciones...

Aunque nos sentíamos cansados de la vida en tiendas de campaña, muchos de nosotros pasamos el Día de Acción de Gracias y la Navidad en nuestras «casas de lona». No recuerdo haber tenido nunca unas vacaciones más felices. Para la cena de Navidad comimos un filete de oso grizzly por el que pagamos 2,50 dólares, un repollo por 1 dólar y, ¡oh, horror, de nuevo algunas manzanas secas! Como regalo de Navidad, el río Sacramento creció e inundó todo el pueblo...

Ya era más de mediados de enero cuando llegamos a Marysville: sólo había media docena de casas; todas ocupadas y a precios exorbitantes. Alguien estaba pidiendo los servicios de un abogado para redactar un testamento y mi esposo se ofreció a hacerlo por 150.00 dólares.

Esto le pareció un feliz augurio y abandonó toda idea de ir a las minas. Como habíamos vivido en una tienda de campaña y estado en movimiento durante nueve meses, viajando unos 4000 kilómetros, nos alegramos de instalarnos y hacer tareas domésticas en un cobertizo de madera que construimos en un día. De esta forma, empezó nuestra nueva vida.

MARGARET REED

La tragedia de la caravana Donner
1846

Apodado el «Coche del Palacio» por los compañeros de ruta, se trataba de la carreta más grande y elegante que jamás se hubiera visto. Debido a su peso requería ocho bueyes para tirar de ella y, sobra decir, que sus dimensiones serían un problema en los tramos difíciles. James Reed, inmigrante de origen irlandés y uno de los organizadores de la caravana, decidió sumar dos carros más con suministros y alimentos. Margaret observaba todo aquello sufriendo una de sus terribles jaquecas. Para mayor comodidad, su esposo había equipado la carreta principal con una estufa de hierro, asientos con cojines y literas donde dormir. Ella supervisó una vez más todo aquello. Su mente práctica calibró desde un principio que aquella aventura no implicaba que tuvieran que pasar más incomodidades de las necesarias, frío o calor en exceso, hambre o sed. Lo que más le preocupaba era la seguridad de sus cuatro hijos.

No quiso contradecir a su esposo en su obsesión por abandonar la seguridad de Illinois para partir rumbo a la supuesta tierra prometida donde él ansiaba comenzar una nueva vida con la familia. Calló y acató la decisión de Reed.

Corría el año 1846 y otras familias se habían adelantado en tomar las diferentes rutas que conducían hasta la costa del Pacífico. Más de 250 000 personas habían seguido el camino de

California hacia las minas de oro y las ricas tierras de cultivo. El día de la partida, un nutrido grupo de amigos y conocidos de los Reed se habían congregado para despedirles. Aunque James estaba ansioso por dejar Illinois, la escena resultó emotiva. Virginia, la hija de doce años, lo describió así en su diario:

> «Mis padres, con lágrimas en los ojos, trataron de sonreír mientras un amigo tras otro les estrechaban las manos en un último adiós. Mi madre se mostraba abrumada por el dolor. Por fin estábamos todos en los carros. Los conductores hicieron restallar sus látigos. Los bueyes avanzaron y dio comienzo el largo viaje».

El 16 de abril, treinta y dos hombres, mujeres y niños repartidos en nueve carretas partieron de Springfield, Illinois, iniciando un periplo de más de cuatro mil kilómetros hasta California y que debería llevarles cerca de cuatro meses. Los Reed viajaban con sus cuatro hijos (Virginia, Patty, James y Thomas), así como con la madre de Margaret, Sarah Keyes, que, aunque enferma de tisis, se negó a separarse de su única hija.

La travesía transcurrió sin mayores incidentes durante las primeras semanas. Margaret contemplaba el paisaje cambiante que atravesaban con lentitud de caracol, vigilando de cerca a sus hijos y observando a su esposo, atento a cualquier posible emboscada y a las barreras geográficas que se les interponían. California había sido todos aquellos años un interrogante distante con diferencias culturales, geográficas y territoriales... Para llegar allí debían atravesar una variada galaxia de territorios. James Reed se negaba a seguir la ruta de la lógica en decisiones como aquella.

A mediados de mayo llegaron a Independence, Misuri, fundada veinte años atrás con el nombre en honor de la Declaración de Independencia. Se trataba del punto más lejano hacia el oeste en el río Misuri en su tramo navegable para barcos de vapor y buques de carga, debido a la convergencia de este río con el Kansas. Era, además, un punto de partida para el comercio de pieles, por lo que quienes se aventuraban hacia el oeste por el camino de Santa Fe se dejaban ver allí. Miles de pioneros se equipaban en aquel caos de posadas, herrerías y casas de comidas. Todo tipo de tiendas de avituallamiento con sacos de harina, azúcar, café, carne seca, pienso para el ganado, frutas en conserva, telas y diverso material de construcción eran visibles en la calle principal. Los integrantes de la caravana se sintieron en una especie de oasis. Allí, los Reed pudieron reabastecerse de alimentos, aves y ganado.

Reanudaron la lenta marcha bajo los rigores de una fuerte tormenta que embarraba el camino haciendo que las ruedas se hundieran y resbalaran. Cuando una semana más tarde llegaron a un lugar llamado Indian Creek, se unieron a una gran caravana comandada por el coronel William H. Russell, un hombre que destilaba seguridad y les hizo sentir más seguros. Iban a adentrarse en territorio indio y existía la posibilidad de caer en manos de una banda de forajidos.

En todos los sentidos, tanto en un estado como en otro con toda la variedad de sus climas, en el desierto y también en las perpetuas nieves de las montañas, Margaret descubría la vastedad del país que atravesaban. Las ciudades, paisajes, fuertes y campamentos que iban dejando atrás le abrieron una nueva perspectiva de las cosas. Se adaptaba a aquel tipo de vida en plena naturaleza. El lujo de darse un baño en un riachuelo, ver un amanecer, desayunar bacon recién cocinado, el olor del café, el cadencioso ritmo de las carretas… Se sintió afortunada.

A finales de mes quedaron retenidos durante varios días cerca de Marysville, Kansas, debido a lo caudaloso del río Big Blue. Marysville se hallaba en el Oregón Trail, pero también en la ruta del Pony Express, y no gozaba de buena reputación. «Una ciudad rural que prospera vendiendo *whisky* a rufianes de todo tipo», había declarado un explorador en referencia a esta población famosa por el alcohol y los tiroteos.

Margaret había oído contar maravillas de las cordilleras azules de aquella región, pero ninguna de las descripciones hacía justicia. Por desgracia, fue allí donde sufrieron su primera baja, cuando una mujer llamada Sarah Keyes murió ahogada. Fue enterrada junto al río Big Blue. El ambiente se resintió pero había que seguir adelante y muchos contribuyeron a construir balsas para cruzar hasta la otra orilla.

Durante todo el mes siguiente, a veces con sol, a veces bajo las nubes, con las lonas volando al viento o empapadas por la lluvia, siguieron el curso del río Platte. De lejos, parecían caparazones errantes desfilando con cautela por caminos inexistentes.

Cuando William Russell renunció como capitán de la caravana, el puesto fue asumido por un hombre llamado William M. Boggs. Poco podía imaginar este hombre los terribles momentos que les aguardaban a todos.

Tras cruzar el río Raft[6], el camino se separaba de la ruta de Oregón y quienes como ellos se dirigían a California, tomaron el sendero del sur que serpenteaba por el borde de Utah para seguir el valle del Humboldt, Nevada. Durante aquel tiempo

---

6. El Raft, en español, «río Balsa» o «río de la Balsa», es un río del suroeste de los EE.UU., afluente del río Snake, a su vez afluente del río Columbia, que discurre por el norte de Utah y el sur de Idaho, y cuyo valle fue la vía seguida por quienes se dirigían a California.

hubo de todo. Momentos de optimismo en los valles rebosantes de verde, tardes de nostalgia con las puestas de sol y días de intensa actividad que los animaba y hacía olvidar el cansancio. En momentos como esos, Margaret se sentía tan joven que apenas se reconocía.

En Wyoming les esperaba la recompensa del fuerte Laramie. Grandes manchas de vegetación abrazadas por cumbres describían un gigantesco telón de fondo para aquella fortificación mítica que había sobrevivido al paso del tiempo. El fuerte era un faro emergiendo en mitad de las grandes llanuras. Sus paredes de adobe llevaban años alojando destacamentos de caballería, cazadores de pieles cheyenne y arapahoe, tramperos, aventureros y exploradores. El nombre delataba su ubicación, pues se alzaba en un acantilado a orillas de las azules aguas del río Laramie, fluyendo entre meandros y rompientes. Al contrario de lo que muchos habían creído, el fuerte no estaba rodeado por muros. Su seguridad radicaba en su ubicación y en la guarnición de tropas que lo habitaban. El recinto, integrado por varios edificios, tenía encomendado asegurar la convivencia pacífica en la zona, servir de centro de avituallamiento, de refresco de monturas y prestar servicios sanitarios de primera necesidad, así como también sería escenario de importantes tratados con los indios.

La caravana llegó al fuerte a finales de junio, con solo una semana de retraso. Allí se encontraron con James Clyman, un amigo de Illinois que acababa de hacer la ruta hacia el este con un guía llamado Hastings. Afirmó que al dirigirse hacia el sur en lugar de hacia el norte en torno al Gran Lago Salado, la caravana ganaría entre 400 y 600 kilómetros, lo que equivalía a unas tres semanas. Pero, en cambio, les advirtió que el camino, apenas transitable a pie, sería inviable con carros. Margaret prefería el camino del sur. Más valía malo conocido… Pero su esposo, ansioso por llegar a su destino, ignoró la advertencia de su amigo y optó por el atajo. El tal Hastings había acordado reunirse con ellos en Fort Bridger, Wyoming, para proseguir juntos.

A mediados de julio el grupo se dividió. La mayor parte de la caravana decidió tomar la ruta más segura. Quienes prefirieron la ruta propuesta por Hastings eligieron a George Donner, un granjero de sesenta años, como capitán. De esta forma, la caravana tomó su nombre. Los problemas no habían empezado aún.

Algunos días, las carretas parecían avanzar con grandes y anhelantes zancadas. Todo era un ejercicio de adaptación y también de audacia. Margaret se movía al compás de la situación sin amortiguar el ritmo ni bajar sus pulsaciones.

Para cuando llegaron a Fort Bridger a finales de julio no había rastro de Hastings, solo una nota indicando que había partido con otro grupo y que la caravana debería seguirlo y alcanzarlo más adelante. Allí les aseguraron que la ruta propuesta por él era una buena opción.

El fuerte había sido establecido cuatro años antes como un puesto de comercio de pieles a orillas del Green River, Wyoming. Era otro punto de reabastecimiento para las caravanas de la ruta de Oregón. El ejército había establecido allí un puesto militar. Era otra de esas islas donde descansar unos días, reparar los carros, hacer colada e inventario de los víveres. Todavía les aguardaban siete semanas. O al menos eso creían. Allí se sumaron otros viajeros. Familias que esperaban la ocasión de unirse a un nutrido grupo. Viudas, huérfanos, desheredados que vieron en ellos su salvación. En total, serían setenta y cuatro personas distribuidas en veinte carros, duplicando el número de los que habían dejado Illinois.

Durante la primera semana, después de afrontar algunos momentos difíciles, lograron considerables progresos, cubriendo de 16 a 20 kilómetros diarios. Uno de aquellos días, Reed dejó al grupo y se adelantó junto con dos hombres hasta alcanzar a Hastings, quien le aconsejó que cambiaran una vez más de ruta. Este acompañó a Reed durante parte del camino para indicarle una vía alternativa que, según afirmó, les llevaría una semana. Mientras tanto, la caravana se había incrementado hasta contar con ochenta y siete personas distribuidas en veintitrés carros. Tras una votación entre los miembros del partido, el grupo decidió probar el nuevo sendero en lugar de retroceder hasta Fort Bridger.

A mediados de agosto se internaban en las montañas Wasatch[7], donde tuvieron que despejar árboles y piedras para pasar. Perdieron mucho tiempo y energía, lo que los llevó a cubrir sólo doce kilómetros en seis días. A partir de ahí, la moral empezó a decaer.

Muchos se mostraban deprimidos por lo que había prometido ser un camino hacia el paraíso y resultaba un infierno de penurias. Cada día se ponían en marcha con desánimo, preguntándose si habían elegido el rumbo correcto. Unos pocos los animaban diciendo que había que seguir adelante, que lo peor había pasado. Margaret los observaba con preocupación. Todos ellos habían decidido adentrarse en territorios desconocidos llevados por su fe o su afán de aventuras. A esas alturas, no cabía el desánimo ni el arrepentimiento.

Cruzar el desierto del Gran Lago Salado, al norte de Utah, les llevó casi una semana en vez de los dos días prometidos

---

7. Cordillera que se prolonga unos 260 km desde los límites de Utah e Idaho hacia el sur a través del centro de Utah.

por Hastings. La situación fue dramática. El sol quemaba a los animales de tiro abrasando sus pezuñas. La excesiva claridad hería la vista y el calor aumentaba la necesidad de ingesta de agua. Varios carros quedaron atrapados en el barro con costras de sal y hubo que dejarlos atrás. Murieron treinta y dos de los bueyes que tiraban de ellos, así como algunas reses. Cuando los integrantes de la caravana comprendieron que en vez de acortar el camino, la ruta les estaba costando cinco semanas más, empezaron a culpar a Hastings y a Reed. Margaret advirtió el cariz que estaban tomando las cosas.

Parecía que lo peor había pasado cuando lograron abandonar aquellas tierras. Los ánimos remontaron algo cuando poco después dieron con el tan esperado cruce con la ruta de California.

Era finales de septiembre y se hizo un nuevo inventario de alimentos descubriendo que no eran suficientes para la distancia que aún quedaba por cubrir. La nieve tiñó de blanco los picos de las cumbres esa misma noche. Al comprender lo difícil de la situación, dos de los jóvenes que viajaban con el grupo, fueron enviados a Sutter's Fort, California, para aprovisionar la caravana.

Siguieron el camino hacia Nevada bordeando las Montañas Ruby[8], hasta llegar al río Humboldt[9] a finales septiembre con la amenaza del hambre planeando en sus mentes.

La nieve caía de forma severa en las estribaciones de la cordillera que les rodeaba. Durante las siguientes dos semanas, arropados en mantas y con las manos peladas por el frío, avanzaron a lo largo del cauce del río, sin más sonidos que los del viento y

---

8. Cordillera del Oeste de EE.UU. localizada en la parte noroeste del estado de Nevada.

9. Río que discurre por el estado de Nevada, en una zona poco poblada en su parte norte.

las aguas del río Humboldt. La vida parecía detenida en aquella región. De pronto, como por arte de magia, una lluvia de flechas empezó a caer sobre todos ellos. Las mujeres gritaban, los niños se ocultaban bajo las lonas de las carretas, los hombres apenas tuvieron tiempo de tomar sus armas y disparar. Grupos de indios paiute[10], pertrechados tras grandes formaciones rocosas atacaban a los bueyes con flechas de puntas envenenadas. En un abrir y cerrar de ojos, veintiuna de las bestias se desplomaron en el suelo con la lengua azul. Ninguna de ellas sobrevivió.

El ambiente se fue crispando. Nadie parecía confiar en la opinión del otro. Todos discutían sobre cómo proceder, cuál era la mejor decisión, quién tenía la culpa de que... Después de haber recorrido una distancia mayor de la prevista a través de un extenuante terreno montañoso y un desierto seco, el resentimiento hacia Hastings y, en última instancia, hacia Reed, aumentó. La caravana se dividió en dos facciones, cada una de las cuales se preocupaba por sí misma y desconfiaba de la otra. Los ánimos estallaban cada día...

A principios de octubre, los suministros eran escasos, los animales morían y el calor no ayudaba mientras avanzaban por el centro de Nevada. La chispa que provocó el incendio fue la escena protagonizada por un joven llamado Snyder. Este perdió los estribos mientras intentaba conducir su carro por una pendiente pronunciada. Frustrado, comenzó a golpear a sus bueyes con el látigo. Cuando Reed intentó intervenir, el joven le apuntó con el látigo. Posiblemente en defensa propia, Reed lo apuñaló en el pecho y Snyder murió poco después. Margaret

---

10. Indios que se componen de varias tribus y están emparentados con los shoshones, con fuertes enfrentamientos con los colonos que amenazaron su territorio y su forma de vida.

procuró mantener la compostura, pero vio como si cayera sobre su esposo una sentencia de muerte. Cualquier cosa era posible.

Esa noche, los hombres se reunieron para discutir qué se debía hacer. Reinaba un ambiente pesado que nada bueno auguraba. Los testigos habían visto a Snyder golpear a Reed; algunos afirmaron que también había golpeado a Margaret Reed, pero Snyder había sido un compañero popular mientras que Reed no. Unos cuantos querían colgar a Reed, pero otros lo defendieron. Tras alcanzar un acuerdo, rodearon a Reed en un círculo cada vez más estrecho que le obligó a retroceder hasta toparse en la espalda con una de las carretas. Margaret esperaba el desenlace de aquello retorciéndose las manos. Uno de los hombres se acercó hasta Reed y le anunció que quedaba desterrado. Además, debía partir sin demora hacia el fuerte Sutter, en el valle de Sacramento, en busca de suministros. Su familia, anunció, se quedaría con el grupo.

A la mañana siguiente, cuando aún no había despuntado el alba, Margaret vio cómo su esposo se alejaba hacia lo que ella consideraba una muerte segura. Solo y desarmado, no tenía ninguna posibilidad. No podría cazar para alimentarse ni defenderse de algún peligro. La luz parecía apocalíptica. Ni tan siquiera el sonido de un ave ponía una nota de vida a la escena. Margaret estaba segura de que no volverían a verse. Muchos de los momentos compartidos durante todos aquellos años parecieron desfilar en un solo instante.

Esperó a que la gente volviera a sus quehaceres. A continuación, tomó el único rifle que tenían y se lo dio a su hija mayor. En un descuido, esta subió a un caballo y partió como alma que lleva el diablo. Un rato después, Virginia alcanzaba a su padre y le entregaba el arma y algo de comida.

Reed llegó a Sierra Nevada justo antes de que cayeran las primeras nevadas. La cordillera, ubicada en su mayor parte en el estado de California, y en menor parte en el estado de Nevada, era un océano de montañas, algunas de las cuales superaban los 4000 metros. Resultaba tan mortífera como hermosa. Algunos de los tesoros que albergaba eran el lago Tahoe, el valle Yosemite y el cañón de los Reyes. Cascadas, lagos y bosques de secuoyas gigantes no daban tregua a la mirada. Dos de los ríos más caudalosos de California, que desembocaban en la Bahía de San Francisco, derivaban de las laderas occidentales de Sierra Nevada. Reed sabía que estaba salvado.

Mientras, la caravana había optado por tomar algunos atajos para ganar distancia en lugar de seguir los tradicionales senderos de Oregón y California. Aquello provocó nuevos retrasos. Las luchas internas y el cruce de las salinas de Utah también habían empeorado las cosas. Cuando llegaron a las montañas de Sierra Nevada a finales de octubre, una tormenta de nieve les sorprendió. Apenas 150 kilómetros los separaba de su destino final, el fuerte Sutter.

Milagrosamente, apenas tres días después, a mediados de octubre, uno de los hombres que habían enviado al fuerte Sutter, Charles Stanton, regresó con siete mulas cargadas con carne y harina, dos guías indios y noticias de un camino a través de Sierra Nevada aunque difícil.

Intentaron forzar los pocos carros, bueyes y suministros que les quedaban a través de lo que ahora se conoce como el paso Donner, pero debido a la nieve y la falta de un sendero transitable, fracasaron. La caravana acampó durante cinco días dejando que sus bueyes recobraran fuerzas para el empujón final. Esta decisión de retrasar su salida fue una más de las muchas que conducirían a su tragedia.

Desmoralizados y apenas sin suministros, unas tres cuartas partes de los viajeros (cincuenta y nueve personas) acamparon en la orilla este del lago Truckee[11], (que sería rebautizado como lago Donner), con terrenos más llanos y madera para encender el fuego y construir toscos refugios. Margaret confiaba en poder proseguir cuando escampara. Pero el tiempo y sus esperanzas no iban a mejorar. Durante los siguientes cuatro meses, los hombres, mujeres y niños iban a tener que apiñarse en cobertizos improvisados y tiendas de campaña sin apenas nada que comer. Llegado un punto, se vieron obligados a sacrificar sus bueyes para alimentarse. A medida que avanzara el invierno, algunos morirían de hambre.

Patrick Breen, integrante del grupo, escribió en su diario el 20 de noviembre de 1846:

«Llegamos a este lugar el día treinta y uno del mes pasado; la nieve era tan profunda que apenas pudimos dar con el camino. Cuando estábamos a unos cuatro kilómetros de la cima, regresamos al lago Truckee; Tomamos de nuevo nuestros equipos y carros e hicimos otro intento infructuoso de cruzar; volvimos a la cabaña; Siguió nevando todo el tiempo. Habíamos sacrificado a la mayor parte de nuestro ganado y teníamos que aguantar allí hasta la primavera sobreviviendo a base de carne magra, sin pan ni sal. Nevó durante ocho días y hacía mucho frío por la noche».

El día de Acción de Gracias sacrificaron los últimos bueyes para alimentarse. Cualquier esperanza que tuvieran se desvaneció. Habían recorrido cuatro mil kilómetros en siete meses solo para perder en un día su carrera contra el clima.

A mediados de diciembre, cuando un hombre murió de desnutrición, el grupo se dio cuenta de que había que hacer algo antes de que todos murieran. Al día siguiente, cinco hombres,

---

11. Actual Reno.

nueve mujeres y un niño partieron con raquetas de nieve hacia la cumbre, decididos a recorrer los ciento sesenta kilómetros hasta Sutter's Fort. Con raciones escasas y ya débiles por el hambre, enfrentaron una dura prueba. Al sexto día, se les acabó la comida y durante los siguientes tres días nadie comió mientras viajaban a través de fuertes vientos. Un miembro del grupo, Charles Stanton, ciego por la nieve y exhausto, no pudo seguir el ritmo del grupo y les dijo que continuaran. Nunca se volvió a saber nada de él. Unos días más tarde, se vieron atrapados en una tormenta de nieve y tuvieron grandes dificultades para encender un fuego. Cuatro de ellos murieron y, desesperados, los demás recurrieron al canibalismo.

El 4 de enero de 1847, Breen escribió en su diario:

> «La señora Reed y su hija Virginia, así como Milton Elliott y Eliza Williams partieron hace poco con la esperanza de cruzar las montañas; Dejaron a los niños aquí. A la señora Reed le resultó terriblemente difícil separarse de ellos.»

Diario de Breen, 15 de enero:

> «La señora Reed y los demás regresaron; No pudieron encontrar el camino al otro lado de las montañas. No tienen nada más que pieles para sobrevivir».

Todo parecía perdido. El desánimo les corroía y la mayoría se preparaba para una muerte lenta. Desconocían que a principios de febrero algunos ciudadanos y oficiales navales de San Francisco habían financiado un grupo de rescate.

El 5 de febrero, el primer grupo de relevo integrado por siete hombres abandonó el rancho Johnson, y el segundo, encabezado por James Reed, lo hizo dos días después con hombres y suministros obtenidos en los valles de Sonoma y Napa. Sin saber cuánto ganado habían perdido los miembros de la caravana, calculó que tendrían suficiente carne para varios meses.

A mediados de mes, el primer equipo de rescate avanzó penosamente por los pasos aún nevados llegando al lago Truckee. Allí encontraron lo que parecía ser un campamento desierto hasta que apareció la figura fantasmal de una mujer. Los gritos y llantos de los supervivientes emocionaron a todos los integrantes del equipo. Doce emigrantes estaban muertos y de los cuarenta y ocho restantes, muchos se habían vuelto locos o apenas se aferraban a la vida

Había que rescatar a los cuarenta y siete supervivientes, entre ellos Margaret y sus cuatro hijos, pero no se podía sacar a todos a la vez y, dado que los animales de carga apenas podían avanzar por los caminos nevados, habían llegado pocos suministros de alimentos. El primer grupo partió con 23 personas. En el camino, dos niños murieron. En las montañas se encontraron con la partida encabezada por Reed, que viajaba en dirección opuesta, hacia el campamento. Los Reed se reunieron al fin después de cinco meses.

En marzo y abril llegaron nuevos equipos de ayuda. Mientras tanto, la situación en el campamento del lago Truckee había empeorado aún más. Patrick Breen escribió en su diario a finales de febrero, tras la partida del primer equipo de rescate:

«jueves 25. Anoche hizo mucho frío, hoy ha salido el sol y hay viento del oeste. La señora Murphy dice que los lobos están a punto de desenterrar los cadáveres de su choza; las noches son demasiado frías para mirarlos, los oímos aullar».

«viernes 26. Anoche hizo si cabe más frío. Hoy está despejado y algo cálido. El viento SE: sopla con fuerza. La mandíbula de Martha se hinchó por el dolor de muelas. Tiempos de hambre en el campamento. Hay muchas pieles pero la gente apenas las come, el resto lo hacemos con un apetito tolerable. Gracias a Dios Todopoderoso».

«La señora Murphy declaró ayer que pensaba comenzar con Milt [uno de los muertos] y comérselo. No creo que lo haya hecho todavía; es angustioso. Los Donner amenazaron también con comerse a los muertos si ese día o el siguiente no llegaba ayuda».

El alcance de la tragedia de la caravana Donner no se conocería hasta varias semanas después. El recuento final reveló que dos tercios de los hombres habían muerto, mientras que dos tercios de las mujeres y los niños sobrevivieron. Un total de cuarenta y un individuos dejaron sus vidas, mientras que cuarenta y seis sobrevivieron. Muchos supervivientes quedaron afectados mentalmente o apenas lograron aferrarse de nuevo a la vida. La mayoría de ellos habían perdido a gran parte de sus familiares.

La noticia se extendió por todo el país. Los miembros supervivientes tenían diferentes puntos de vista y opiniones, por lo que nunca se supo exactamente qué ocurrió.

La familia Reed se recuperó en el valle de Napa donde estuvo algunas semanas. Margaret Reed siempre había tenido una salud frágil, pero durante el desastre en las montañas resultó, en palabras de sus compañeros, «la más valiente entre los valientes».

En el tiempo transcurrido en San José mientras reunía un grupo de búsqueda, Reed había reconocido el valor de las tierras bajas del fértil valle cercano. Una vez que los Reed se sintieron tan recuperados como para viajar, James alquiló unos huertos en la Misión San José a donde trasladó a su familia.

En el verano de 1847, los Reed recolectaron y secaron peras, manzanas, higos y membrillos; enviaron la fruta a Hawaii, intercambiándola por azúcar, cacao, café y arroz. De esta forma fueron prosperando. Margaret recuperó el color, ganó peso, se sintió renacer. La aventura para ellos, había tenido un final feliz.

Reed fue elegido miembro de un consejo en San José y se mudó allí con su familia, alquilando el único espacio disponible: una casa de adobe de una sola habitación con suelo de tierra.

Margaret dio a luz a su quinto hijo allí, el 6 de febrero de 1848, menos de un año después de su periplo por los pasos nevados de Sierra Nevada. Después tuvo otro hijo que sólo vivió nueve años.

La historia de los Reed refleja a la perfección la suerte de aquellos pioneros que lo arriesgaron todo para dirigirse a California. Los diarios de Margaret han ayudado a comprender la dureza de tales periplos.

AMELIA STEWART

Siguiendo la ruta de Oregón

1853

C ada primavera, muchos se reunían en Council Bluffs, Iowa, para integrar una caravana con destino al Oeste por la ruta de Oregón. Se trataba de una de las principales alternativas terrestres hacia el Pacífico, que partía de varios lugares en el río Misuri. Los comerciantes de pieles habían sido los primeros en seguirla a partir de 1820, tras la compra de Luisiana. Luego fueron seguidos por misioneros, expediciones militares y algunos grupos de civiles. Para la década de 1840, la presencia de grupos de caravanas con colonos, ganaderos, agricultores, mineros y hombres de negocios ya era habitual. Viajaban en carretas, a caballo, a pie, y hasta en balsas, para establecer nuevas granjas, empresas y poblaciones en el territorio de Oregón. Esta vía alcanzó el clímax con el descubrimiento de oro en California en 1848.

La aparición de la doctrina del «Destino Manifiesto» hacia 1845, no hizo sino disparar esta riada humana. Gracias a ella, que consideraba a los Estados Unidos como una nación «elegida» y destinada a expandirse desde las costas del Atlántico hasta el Pacífico, se cimentó la política expansionista por Norteamérica. Los partidarios de esta ideología consideraban que la expansión no solo era positiva, sino también obvia (manifiesta).

Contemplando un mapa de América del Norte, con la ruta de Oregón dibujada en el mismo, se aprecia una línea casi horizontal que se adentra en el continente hasta el oeste, con curvas y meandros que evitan los accidentes geográficos pero que avanza claramente hacia su objetivo final.

Los senderos por los que viajaban eran elegidos cuidadosamente. A fin de conseguir los dos elementos esenciales, agua y pasto para los animales, se seguían los valles fluviales a lo largo del continente.

La primera parte del camino discurría a lo largo de varios cientos de kilómetros por las Grandes Llanuras: una amplia y ondulada pradera que se extiende al oeste del río Misisipi y al este de las Montañas Rocosas e incluyen partes de doce estados. Quienes viajaban por allí quedaban seducidos por aquel océano verde extendido en todas direcciones. En 1846, un pionero llamado Francis Parkman describió la escena como una infinita «alfombra de hierba color esmeralda».

Se trataba de una aventura arriesgada que llevaba entre cinco o seis meses con suerte y que en ocasiones reunía a más de mil integrantes. Pese a las dificultades, a la disentería y al cólera, a las picaduras de serpientes venenosas, a la fatiga, al hambre y la sed, esta corriente creció. Solo en 1845, alrededor de tres mil personas atravesaron las rutas de Oregón y California.

La mayoría de ellos partían con sus carros sobrecargados por lo que, no todos podían ir dentro de los mismos. Muchos se veían obligados a caminar largos trechos y se sabe que algunos hicieron todo el recorrido a pie. Uno de los puntos más críticos de la ruta eran los ríos. Cientos de personas se ahogaron al intentar cruzar los ríos Kansas, North Platte y Columbia, así como sus afluentes. Kansas, Nebraska, Wyoming, Idaho y Oregón eran los cinco estados que se cruzaban. Además, algunos de los ramales de esta ruta se convirtieron en las principales arterias que alimentaron de colonos otros seis estados: Colorado, Utah, Nevada, California, Washington y Montana.

En abril de 1853, Amelia Stewart emprendió una travesía de tres mil kilómetros desde el condado de Monroe, Iowa, con rumbo a Milwaukie, Oregón, en busca de un nuevo hogar en la costa noroeste del Pacífico. Partió con su esposo, Joel Knight Stewart, y sus siete hijos. Tras diecisiete años en Iowa, estaban hartos de los duros inviernos y de las temperaturas extremas tan propias del clima continental. Las nevadas hacían inhabitable algunas zonas. El verano resultaba insufrible, con temperaturas que a veces se acercaban a los 40 °C. Los Stewart habían oído hablar de las bondades del clima en la costa oeste y de las oportunidades que se abrían a quienes estuvieran dispuestos a labrarse un futuro empezando desde cero, así que decidieron aventurarse en un viaje que les llevaría seis duros meses.

Zarpar suponía abandonar terreno seguro. Grandes fardos de provisiones, armas, munición, alimentos y animales irían con ellos. No escatimaron gastos. Llenaron la carreta de todo lo imaginable, teniendo en cuenta, además, que debía alimentar a siete hijos. Apenas quedó espacio para ellos, que tuvieron que acoplarse entre enseres, cacharros, ropa de abrigo y un sinfín de cosas más.

Los dieciséis carros que integraban la caravana partieron bajo un tiempo frío y desapacible, con el viento del este soplando, entre la sinfonía de relinchos, mugidos y cacareos de los animales destinados a servir de alimento. Aun así, siempre estaba la amenaza de que no fuera posible abastecerse en el camino y el hambre pasara a ser la principal pesadilla. Conocemos los pormenores de aquella experiencia gracias al diario que Amelia mantuvo cada día. Al partir, se hallaba en el primer trimestre de su octavo embarazo.

Los primeros días acamparon sin incidentes. Los hombres levantaban las tiendas y a continuación partían en busca de algunos troncos con que encender el fuego. Las mujeres y niños ordeñaban entonces las vacas, mientras los más jóvenes hacían turnos para vigilar ante la posible presencia de coyotes, el ataque de los indios o de algún bandido. El tiempo, sin embargo, no acompañó. La lluvia persistente hizo enfermar a muchos por viajar con las ropas mojadas.

«Bastante frío esta mañana. Las ovejitas que llevamos balan y lloran por sus pies fríos. Dieciséis carros preparándose para cruzar el arroyo. Prisas y bullicio por terminar el desayuno. Alimentamos al ganado y con todo listo, posiblemente seremos los primeros en cruzar el arroyo esta mañana. El sol acaba de salir».

* * *

«Tarde: hoy hemos cubierto 38 kilómetros y estamos a punto de acampar en una gran pradera sin provisiones de madera. Tiempo frío, helado; Viento del este. Los hombres han levantado la tienda y están buscando algo que nos sirva para hacer fuego y cenar. Tengo un dolor de cabeza enfermizo y debo dejar que los niños se las arreglen por sí mismos lo mejor que puedan».

En junio atravesaron el valle de Sweetwater («río de aguas dulces»), que discurre por la vertiente oriental de las Rocosas, Wyoming, entre montañas cubiertas de nieve. Se trataba de un territorio prácticamente virgen.

1 de junio. Diario de Amelia:

«Ha estado lloviendo todo el día y hemos seguido avanzando para poder adelantarnos a las grandes manadas. Los hombres y los niños están empapados y se muestran tristes e incómodos. Los pequeños y yo estamos encerrados en los carros para protegernos de la lluvia. Y todo esto por Oregón. Mientras escribo pienso: «Oh, Oregón debe ser un lugar maravilloso».

La primera presencia occidental en la región había tenido lugar en 1812, cuando un comerciante de pieles y empresario llamado John Jacob Astor, equipó una expedición para emplazar puestos comerciales a lo largo del río Columbia. Los nativos de la zona, los pies negros, eran especialmente temidos. Sus emboscadas siempre se saldaban con numerosas vidas. Pese a ello, a partir de 1840 el valle se convirtió en una de las rutas de la migración hacia el Oeste.

Pasaron las semanas navegando en un océano desierto, sin el menor resquicio de vida a la vista. Contemplaban los arrecifes de colinas rodeando los bosques de cedros y abetos y el espectáculo de una imprevista tormenta a lo lejos, la lluvia cayendo en torrentes, el cielo teñido de un gris plomizo, el viento arreciando e hinchando las lonas de las carretas como si fueran velas, y el inconfundible rugido de los truenos cargados de furia. A veces, en la distancia, divisaban los restos de una carreta abandonada o el esqueleto de un animal. Pero dejaban de un lado aquel mal presagio pensando en que su destino se acercaba cada día.

Con su embarazo avanzando, algunos días Amelia se sentía demasiado enferma para caminar, encender el fuego, cocinar y cuidar a los niños. Pero siguió escribiendo su diario.

Las noches eran siempre hermosas con la cúpula de estrellas en el firmamento. La caravana se iluminaba con el brillo de las antorchas y hogueras parpadeantes. Olía a carne recién asada, a guisos caseros, a hogar. Los madrugones siempre recompensaban con un glorioso amanecer.

Dejaron atrás la Puerta del Diablo (Devil's Gate), una formación rocosa natural que va tallando el río hasta formar un desfiladero de granito a lo largo del valle Sweetwater. La hendidura en ocasiones era demasiado estrecha para que pasaran los carros, algunos se detenían allí unos instantes para caminar entre las rocas y grabar sus nombres. El lugar los sobrecogía a todos. —«El abismo es una de las maravillas del mundo», escribió el emigrante Charles E. Boyle en 1849—. «El agua corre rugiente y furiosa hacia el desfiladero y el ruido que hace al entrar en contacto con los enormes fragmentos de roca que yacen en su curso es casi ensordecedor». Cerca de allí están enterrados más de veinte emigrantes. Se llegó a pensar que aquel paso era un lugar maldito. Aun así, a principios de la década de 1850, las familias comerciantes levantaron un puesto en este lugar y otro en la cercana Independence Rock.

Eventualmente hacían paradas de un par de días para dejar descansar al ganado y los caballos. Los hombres aprovechaban para salir en busca de leña o pescar sin alejarse por miedo al ataque de los indios. Las mujeres llenaban de colada los ejes de las carretas, sacaban barreños, cocinaban, remendaban, lavaban a los niños… Aquellos momentos siempre eran recibidos con agradecimiento. Cuando salía el sol, todo resultaba nuevo, hermoso, y había una luz en el firmamento como no se había visto en ningún otro lugar. Cada día descubrían un mundo que no imaginaban que existiera.

Transcurrieron los días de primavera a lo largo de caminos accidentados y rocosos bajo un tiempo frío y desapacible, así como con nevadas ocasionales. «Mucho frío. El agua se heló en sus cubos. Los niños llevan abrigos y guantes».

Luego alcanzaron las montañas Wind River, una imponente cordillera que es una de las estribaciones de las Montañas Rocosas al oeste de Wyoming.

Uno de aquellos amaneceres Amelia salió de la carreta. La brisa del alba todavía no se hacía sentir y la calma era absoluta. Los otros carros aún dormían. Parecían naves fondeadas en una laguna. Algún madrugador se estiraba perezosamente antes de preparar un buen puchero de café o desempolvaba su sombrero sentado en un rústico banco situado bajo los árboles. Grandes nubes se apretaban entre sí como queriendo impedir el paso de la luz solar. La niebla del amanecer se iba alejando gradualmente de las cimas de las montañas. Amelia se acarició el abultado vientre. Faltaba muy poco para que su hijo llegara al mundo. Gracias a Dios, habían recorrido algo así como mil seiscientos kilómetros sin sufrir altercados. No había faltado el alimento y tampoco se habían tenido noticias de los indios. Aún faltaba una larga distancia hasta alcanzar Milwaukie, casi mil kilómetros, calculaba su esposo. Debían atravesar Wyoming, luego adentrarse en Idaho sorteando como pudieran las Twin Falls, y más adelante aguardaba Oregón, con los ríos Columbia y Snake, la ventosa costa del Pacífico soplando en sus montañas escarpadas y la cordillera de las Cascadas.

Fue en un momento de paz en el que escribió en su diario. Se sentía llena de gratitud. De confianza. «Ayer cubrimos veinticinco kilómetros y acampamos en las montañas cerca de una de las cumbres. Viajamos por el Paso Sur contemplando Fremont's Peak. Todo se ve romántico cubierto por un manto de nieve».

Y, así, fueron acercándose a su destino a través de densos bosques de pinos y praderas de salvia. Cuando el camino era demasiado empinado para ir en la carreta, Amelia y sus hijos mayores iban a pie.

Semanas después de haber dejado Fremont's Peak, en las inmediaciones del río Columbia, Amelia dio a luz a su octavo hijo. Era el feliz presagio de la nueva vida que les aguardaba. Cuando repuso sus fuerzas, cruzaron el río Columbia a bordo de esquifes y canoas.

Al llegar al condado de Clark[12], ella y su familia se enamoraron de inmediato de lo que vieron. Simplemente, no estaban preparados para lo que descubrieron allí. Los cauces del río Columbia y del río Lewis rodeaban como una corona los valles bañados por la brisa del pacífico. Algunos lagos salpicaban las estribaciones boscosas de las montañas Casacade, que ascendían al cielo como manos de titanes. Abundaban los pastos donde cultivar y criar ganado. La madera era abundante y el sol dominaba el cielo con una luz especial que se derramaba sobre las tupidas arboledas.

Cuando días después encontraron el terreno apropiado, cambiaron algunos bueyes por una porción de tierra donde levantaron una cabaña con troncos y un cobertizo.

Amelia consideró llegado el momento de terminar su diario. No hay ningún registro a partir de ahí. Comenzaba su nueva vida a orillas del pacífico. Aquel lugar sería más tarde una parte de la ciudad de Vancouver.

---

12. Próximo a Milwaukee.

LUZENA STANLEY WILSON

De pionera a emprendedora

1819-1902

Muchas tumbas anónimas se encuentran a lo largo del camino, porque el trabajo duro y las privaciones causan estragos en las filas de los pioneros, que a menudo abandonaron la batalla. Sus almas olvidadas yacen allí, sin ni siquiera una piedra para marcar el lugar donde duermen el sueño de la muerte. En momentos como esos, no hay tiempo para esperar, no hay tiempo para lamentarse por los amigos o parientes, solo hay tiempo para proseguir la incesante marcha.

«¡Oroooo!». Pocas palabras han ejercido una llamada como esta. Tres letras capaces de alterar la vida, hacer ricos a los pobres, llamar a la violencia, a la codicia, hacer saltar por los aires ríos y desfiladeros, fundar ciudades, traer la felicidad, arrastrar a miles de personas a lo largo de un continente en condiciones que no todos lograron sobrellevar… Tres letras que conjuraron imágenes y sueños a partes iguales. La sola idea de pagar cualquier cosa que a uno se le antojara con un puñado de pepitas de oro, era simplemente irresistible…

Todo empezó cuando el 24 de enero de 1848, el empleado de un viejo aserradero llamado Sutter's Mill y enclavado en Coloma, California, descubrió casualmente a orillas del río

Sacramento una pepita de oro. La noticia del feliz hallazgo desató el fenómeno conocido como fiebre del oro, que tuvo su punto álgido entre 1848 y 1855. En pocos años, el efecto llamada transformó una aldea en una gran ciudad. Sacramento es hoy la capital del estado más rico de los Estados Unidos. Algo similar ocurrió con ciudades como San Francisco, donde más de veinticinco mil buscadores de oro se instalaron en carpas y cabañas en los alrededores de la ciudad. Por toda la costa se fundaron pueblos, se construyeron almacenes, escuelas e iglesias (también cantinas y prostíbulos). El ferrocarril y los barcos de vapor hicieron el resto.

Fue una de las mayores migraciones en la historia del país (se habla de trescientas mil personas en dos años). Riadas humanas viajaron atraídas por el «sueño americano». Es la imagen que recordamos gracias al género del wéstern (*Caravana de Oregón, Caravana al Oeste, Caravana de Mujeres, Caravana hacia el Sur…*). La posibilidad de hallar tierras vírgenes o de hacerse rico, actuó como un imán.

No solo las familias, sino también las mujeres sin compañía llegaban a California procedentes de Europa, México, Perú, Chile o China. Louise Amelia Knapp, que escribió sobre los campamentos mineros, habla de mujeres que ganaban cien dólares a la semana lavando ropa, otras que vendían tortillas y tamales en la calle, y otras que tocaban como organilleras. Las francesas eran las más cotizadas entre las prostitutas: «Por sólo unos minutos, piden cien veces más de lo que estaban acostumbradas a ganar en París» —escribió un tal Albert Bernard—. «Una noche entera cuesta entre 200 y 400 dólares. En California debemos lamentar la libertad y la forma indecorosa en que a estas mujeres se les permite exhibirse en nuestros salones y calles públicas».

En un primer momento se probaba suerte en los arroyos con técnicas arcaicas, pero con el tiempo se sofisticaron los sistemas de extracción, y estos alteraron para siempre paisajes idílicos. Muy pocos buscadores se hicieron ricos. La mayoría perdió lo poco que tenía y se fueron siendo incluso más pobres de lo que eran al llegar.

> «La excitación por el oro se extendió como la pólvora, incluso hasta nuestra cabaña de madera en la pradera, y como no teníamos casi nada que perder y podíamos ganar una fortuna, pronto nos contagiamos de aquella fiebre. Mi marido se entusiasmó y quiso partir de inmediato, pero yo no me quedaría atrás. Pensé que adonde él pudiera ir, yo también podría, y a donde yo fuera llevaría a mis dos pequeños hijos».

Luzena Stanley Wilson

Antes de iniciar la aventura, Luzena Stanley Wilson pensó que se trataría de algo llevadero. Sin embargo, cuando tanto ella como su esposo, acompañados por sus dos hijos pequeños, comenzaron a adentrarse en la ruta, la realidad se impuso. Corría el año 1849, conocido como el del *American Dream*[13]. La familia Wilson viajaba en una caravana que les ofrecía compañía y seguridad. Mientras que otras esposas se quedaban atrás al cuidado del hogar y la familia, Luzena insistió en acompañar a su esposo Mason Wilson. Formaban parte del grupo de inmigrantes que pasarían a la historia como los *forty-niners*[14].

---

13. Sueño americano por la fiebre del oro.
14. «Los del 49», por haber llegado a California en 1849.

Los carros arrancaron la marcha con la pesadez de grandes paquidermos. Desde la distancia, era visible una gran nube de polvo desplazándose. Un polvo que se filtraba en los ojos y la boca, cubriendo ropas y suministros de una fina capa harinosa. «Delante nuestra, hasta donde alcanzaba la vista, una fina nube de polvo marcaba el recorrido de los carros, dejando detrás de nosotros el rastro de una gran serpiente que se extendía hasta el borde de la civilización. El lento trote del primer día nos llevó al río Misuri, cuyo curso salvamos en el crepúsculo, y encendimos nuestra primera fogata en el territorio indio, que se extendía en un desierto ininterrumpido y sin nombre desde el río hasta la línea fronteriza de California».

La conciencia de lo que les esperaba se fue fraguando kilómetro a kilómetro desde el primer día. «Al llegar a territorio indio se desataron mis peores pesadillas. A nuestro alrededor, en todas direcciones, había grupos de indios sentados, de pie y a caballo, hasta doscientos en su campamento. Había leído volúmenes enteros de sus sangrientas fechorías, la masacre de hombres blancos inofensivos, la tortura de mujeres indefensas y la captura de niños inocentes. Mis hijos eran lo más preciado del mundo y viví en una agonía de pavor esa primera noche. Por fin amaneció y nos pusimos en camino. Forzaba la vista al mirar, contenía la respiración y durante todo el día me pareció escuchar el zumbido de las balas y las flechas. La segunda noche que salimos todavía estábamos rodeados de indios y le rogué a mi marido que preguntara en un campamento vecino si podíamos unirnos a ellos para protegernos».

Muchos de ellos iban a pie gran parte del camino. Sus ojos eran vigías, alertas por lo que pudieran encontrar. Buitres al acecho, trampas geográficas, bandidos, salvajes... Encontrar agua y comida para el ganado se convirtió en uno de los principales problemas. Las bestias fueron adelgazando hasta los huesos.

Para aligerar la carga fueron deshaciéndose de todo tipo de pertrechos: muebles, barriles, cofres de madera, cacharros… «Era una extraña carga la que llevábamos a bordo, como polizones en nuestra "goleta de la pradera". Algunas cosas que yo consideraba necesarias cuando partimos se convirtieron en lujos onerosos, y fui dejando en el camino un buen número de cacharros innecesarios y de ollas, porque con el tocino y la harina se pueden hacer pocos cambios, y se necesitan pocas ollas para cocinarlos».

El Platte fue el primer gran curso de agua que cruzaron. Aunque su cauce era ancho y poco profundo, su lecho de arenas movedizas, era traicionero. Lograron cruzarlo con los hombres a horcajadas sobre los bueyes, o vadeando la corriente a pie con el agua hasta la cintura. Otros, aguijoneando a las pobres bestias para mantenerlas en movimiento. «A pesar de nuestras precauciones, el agua entró en el carro y se llevó algunos de nuestros escasos muebles; pero aterrizamos sanos y salvos al otro lado. Al girarnos, vimos como un frenético conductor gritaba, azotaba y golpeaba en vano a los obstinados animales, hasta que la traicionera arena cedió bajo sus pies. El agua se elevó sobre las bestias que gemían y que sin luchar desaparecieron bajo la superficie hundieron lenta, gradualmente».

Racionar las provisiones era de obligado deber, pero los Wilson tenían un lujo del que casi siempre carecían otros viajeros: la leche fresca. «Nunca me separé de nuestra querida vaca. Nos siguió a través del desierto, compartió nuestra comida y nuestra agua, nuestras fortunas e infortunios y viviría en California hasta su vejez, en un paraíso de tréboles verdes y rastrojos».

Semana tras semana, llevaban a cabo la misma rutina. Levantar el campamento al amanecer, ungir los bueyes, cocinar las escasas raciones; empacar, hacer colada en los pequeños riachuelos; montar el campamento nuevamente al atardecer, o más tarde si la madera y el agua escaseaban. Y así, el trayecto fue transcurriendo a través de un país extraño y salvaje: «A veces sobre praderas cubiertas de hierba o a través de desiertas estepas salvo por las sorprendidas manadas de búfalos. A veces a través de cañones profundos donde el musgo era una alfombra bajo nuestros pies y los árboles colgantes bloqueaban la luz del sol durante días; a veces sobre elevadas montañas donde a cada paso había que abrir un nuevo camino con los cuerpos consumidos y los corazones abatidos. A veces nos cruzábamos con hombres que habían abandonado la lucha, que habían perdido los tiros de sus animales, habían abandonado sus carros y, con las mantas a la espalda, regresaban a casa».

La larga procesión se había prolongado durante tres meses cuando entraron en el desierto, la más formidable de todas las dificultades que habrían de enfrentar. Fue una marcha forzada sobre una llanura alcalina que duró varios días. Racionaban el agua que debía durar, tanto para los hombres como para los animales, hasta llegar al otro lado. La tierra caliente les quemaba los pies; el polvo flotaba a su alrededor como una nube, enrojeciendo los ojos, resecando la boca y los rasguños ardían como quemaduras. «El camino estaba bordeado de esqueletos de las pobres bestias que habían muerto en la lucha. A veces encontramos huesos de hombres blanqueados junto a sus carros destrozados y abandonados. Los buitres y los coyotes, ahuyentados por nuestra presencia, dejaban su horrible banquete, alejándose fuera de nuestro alcance».

La noche que acamparon en el desierto supieron del triste destino de los miembros de la caravana integrada por la *Independence Company*. Habían tenido un altercado con ellos al poco de partir, pues ante la solicitud de Luzena de su protección por la presencia de unos indios, les habían negado su ayuda. Sus integrantes habían quedado atrapados en el desierto; sus mulas murieron, muchos de ellos también, el grupo se disolvió, algunos regresaron a Misuri, y dos de los ocho líderes permanecían aún allí, desfalleciendo de sed y de inanición. ¿Quién podría dejar perecer a un ser humano en esta desolación?, anotó Luzena en su diario. «Tomé comida y agua y los hallé descalzos, sin sombrero, andrajosos, gimiendo a la luz de las estrellas, pidiendo la muerte para aliviar su tortura. Me llamaron ángel; derramaron bendiciones y cuando recordaron aquel día en el Misuri en que me habían negado su protección, se arrodillaron en la arena y me pidieron perdón. Años después, vinieron a verme a mi tranquila casa de California, y las lágrimas corrían por sus mejillas curtidas mientras me agradecían una y otra vez mi amabilidad».

Fue una dura experiencia la del desierto. Las lenguas de los animales colgaban de sus bocas hinchadas de sed y calor. «Cuando todavía estábamos a cinco millas del río Carson, las infelices bestias parecieron oler la frescura en el aire. Levantaron la cabeza espoleadas por un diablillo invisible. Echaron a correr en estampida, hasta sumergirse en la refrescante corriente; Resoplaron una y otra vez sacudiendo la cabeza y rodaron en el agua en el más puro deleite».

Se acercaban a su destino. «Comenzamos a olvidar las pruebas y dificultades del pasado y a mirar hacia el futuro con esperanza».

Se hallaban a unos 130 kilómetros de Sacramento cuando divisaron a un hombre que se acercaba al galope. «Enseguida lo reconocimos. Se había adelantado, había comprado un caballo nuevo y ropa nueva y regresaba para unirse a su carreta. La visión de su camisa blanca, la primera que veía en cuatro largos meses, reavivó en mí la chispa de la vanidad y cuando se acercó a nuestro carro me sentí avergonzada, me bajé el ala del andrajoso sombrero hasta cubrirme la cara quemada por el sol y rehuí observar a ese hombre que antes había sido uno de nosotros y en ese momento era un mensajero de otro mundo».

Era casi el anochecer del último día de septiembre de 1849 cuando llegaron a Sacramento. «Mis pobres y agotados niños dormían en el carro. Yo me asomé a la creciente oscuridad, tratando de vislumbrar nuestro destino». Esa noche, Luzena cocinó en la hoguera, como de costumbre. Inesperadamente, un minero hambriento, atraído por la inusual visión de una mujer, se acercó a ella con la siguiente oferta: «Le doy cinco dólares, señora, por esas galletas». «Me pareció una fortuna y lo miré para ver si lo decía en serio. Y como yo dudaba ante una propuesta tan inesperada, duplicó su oferta asegurando que pagaría diez dólares por cualquier pan hecho por una mujer, tras lo cual, puso la brillante pieza de oro en mi mano».

Los alrededores de Sacramento parecían, en la distancia, una galaxia de titilantes luces. Miles de personas, la mayoría hombres, campaban bajo las estrellas. «A nuestro alrededor centelleaban las hogueras de los recién llegados. Un desierto de tiendas de lona brillaba a la luz del fuego; los hombres cocinaban y comían, jugaban a las cartas, bebían *whisky*, dormían envueltos en mantas, alimentaban a sus animales, hablaban y maldecían; y unos pocos, menos ocupados que sus camaradas, me miraban como a una criatura extraña, despertaban a mis niños y los pasaban de brazo en brazo para que contemplaran y recordaran siempre aquel momento. Entonces nos detuvimos en un espacio abierto y al encender el fuego en medio de ellos nos unimos a los habitantes de Sacramento».

La luz del día despertó a los Wilson a la mañana siguiente y enseguida comprendieron que si querían lograr algo, debían ponerse en movimiento. El mundo que los rodeaba bullía. Las hogueras crepitaban, el café y el bacon esparcían su olor y largas hileras de mulas y caballos, cargados de provisiones, desfilaban para dejar atrás lo que ya semejaba una ciudad.

Al poco de haber llegado a Sacramento, el matrimonio vendió sus bueyes para comprar una participación en un hotelito consistente en unos pocos dormitorios, una cocina y una pequeña sala. Durante los seis meses que pasaron en la ciudad, Luzena se abrió camino cocinando para los trabajadores.

Una tarde de finales de diciembre de 1849, después de días de fuertes lluvias, se hallaba cocinando la cena cuando escuchó el grito: «¡el dique se rompió!». En apenas unos minutos, el majestuoso estruendo de las aguas ahogaba las voces de todos ellos y las oleadas de lodo lamían los edificios de las calles rompiendo con tal fuerza sobre las paredes que parecía que fueran a arrastrarlo todo. De no ser porque subieron rápidamente al último piso, habrían sido llevados por la corriente. Permanecieron allí durante diecisiete días mientras las aguas del río Sacramento arruinaban su negocio. El agua se llevó por delante todo cuanto poseían.

Luzena aceptó aquello como una señal del destino. Sacramento no era para ellos. Sobre el horizonte se proyectaban en su mente los destellos de otras ciudades, de otras oportunidades. Sin apenas dinero y temiendo que un desastre similar pudiera repetirse, convenció a su marido para salir de allí. Corría el rumor de que algunos mineros se estaban enriqueciendo en Nevada y esta fue la excusa que ella esperaba para cambiar de aires.

En 1848, Nevada había pasado a formar parte de los Estados Unidos. Dos años después, el Congreso estableció el territorio de

Utah, que incluía los actuales estados de Utah, Idaho y Nevada. Nueve años más tarde, se descubrieron en la zona importantes yacimientos que transformaron aquella región. No sería hasta 1861 que Nevada se separó de Utah adoptando su nombre actual, abreviación de la denominación española «Sierra Nevada». Pocos años después, se convirtió en el estado número 36 de la Unión.

Los colonos se habían ido instalando gradualmente en asentamientos. «Desde la cima de una montaña vislumbramos por primera vez un campamento minero. Nevada City —una hilera de tiendas de lona que bordeaban los dos barrancos que, al unirse, desembocaban en Deer Creek— yacía a nuestros pies inundada por el sol primaveral. Todo era movimiento. Grandes y musculosos mineros blandían pico y pala, mientras otros, hundidos hasta las rodillas en el agua helada lavaban la tierra con un tamiz».

Los Wilson no tenían dinero como para permitirse el lujo de una casa de lona; así que cortaron unas ramas de pino y algo de madera y de esta forma se hicieron con un tosco refugio que sería su primera vivienda allí.

Luzena no tardó en encontrar una ocupación. Con un puñado de tablas y mucha determinación levantó un establecimiento al que bautizó *El Dorado*, para dar de comer a los trabajadores. «Con mis propias manos corté estacas, las clavé en el suelo y preparé mi mesa. Compré provisiones en una tienda vecina y, cuando mi marido volvió por la noche, halló en medio de la extraña luz de las antorchas, entre los pinos, a veinte mineros comiendo en mi mesa. Cada hombre, al levantarse, puso un dólar en mi mano asegurándome que podía contar con él como cliente fijo». En seis semanas, había hecho el suficiente dinero para pagar los gastos del viaje al hombre que había accedido a conducir a la familia hasta la ciudad.

Una nueva desgracia cayó sobre los Wilson. En esta ocasión fue un gran incendio que dio al traste nuevamente con su futuro y sus esperanzas. Luzena lo recordaría así: «Habíamos vivido dieciocho meses en la ciudad de Nevada cuando el fuego nos dejó a la deriva nuevamente, como lo había hecho el agua en Sacramento».

Las llamas arrasaron el *El Dorado* y los Wilson decidieron regresar a Sacramento. Ella no se sentía muy dispuesta a dar una segunda oportunidad a la ciudad que le había arrebatado todo. No hay nada más descorazonador que viajar hacia una pesadilla.

Al llegar, hallaron muy cambiada la ciudad y se quedaron unos meses allí antes de mudarse a la costa. Se instalaron en un pequeño valle llamado Vaca (más tarde dio origen a la ciudad de Vacaville). Sin dinero para comprar un terreno, el esposo de Luzena se empleó cortando heno para algunos granjeros y ayudando con sus animales.

No resultaba fácil para una mujer empezar de nuevo, pero Luzena se sintió animada por el desafío. «Era principios de primavera, y la avena silvestre, que crecía a nuestro alrededor, parecía decir: "Aquí hay comida, bebida y ropa". El heno se vendía en San Francisco a ciento cincuenta dólares la tonelada, así que mi marido, dejándome a cargo de nuestro hogar, se puso a trabajar duro cortando heno; Yo encendí la estufa y mi hervidor de agua e improvisé un cartel en un viejo madero a base de brasas carbonizadas donde escribí: "Wilson's Hotel".

De esta forma Luzena arrancó una vez más. A pesar del cansancio, a pesar de que algunos días la incertidumbre la oprimía, acabó sucumbiendo a la belleza del valle. Hizo sillas con tocones y dispuso fardos de heno a modo de camastros para los viajeros. «Las tablas del carro hacían de mesa, los tocones y troncos eran cómodas sillas, y cada huésped ataba su caballo a unos pocos metros de distancia y se retiraba al otro lado del montón de heno para dormir. A la mañana siguiente me pagaban un dólar por la cama y otro por el desayuno, tocaban su sombrero y con un amable "buenos días" espoleaban su caballo y se alejaban, pensando, quizás, que no habían pagado demasiado por aquel lujo».

Al principio, Luzena cocinaba al aire libre. Asado o filetes de antílope y alce de los rebaños que pastaban a su alrededor. Poco después, lo hacía en una modesta cabaña que durante años fue el único establecimiento en el camino entre Sacramento y la ciudad de Benicia, por aquel entonces apenas un asentamiento. Con el paso del tiempo, la zona se fue poblando más. Los Wilson se convirtieron en importantes propietarios de tierras en el valle de Vaca. Vacaville se convirtió con el tiempo en el centro de una próspera región; Se plantaron huertos y viñedos y los productos agrícolas surtieron a las tiendas locales. Los harapos de aquellos pioneros, las improvisadas casas de comida de los primeros tiempos de colonización, las cabañas con viejas tablas, desaparecieron para siempre.

La familia permaneció allí durante veintisiete prósperos años. Luzena, que demostró ser un lince con los negocios, invirtió sus ganancias en numerosas propiedades en la zona.

En 1872, su esposo dejó a la familia y se dirigió a Texas. Ella permaneció allí hasta que dos nuevos incendios destruyeron su propiedad. Una vez más tuvo que empezar de cero.

Decidió trasladarse a San Francisco donde vivió sus últimos años llevando una existencia holgada gracias a los ingresos de sus transacciones inmobiliarias.

Con el tiempo escribió sus memorias dejando constancia de sus primeros años como pionera en California y el contraste con la abundancia que vivía el estado en sus últimos años de vida. Murió en 1902 a la edad de 83 años en el hotel Pleasanton de San Francisco.

Sacramento, Nevada, Vacaville, San Francisco…, todos esos lugares conservan el recuerdo de grandes mujeres como ella. Al descubrir las huellas dejadas por sus pequeños pies, uno se queda con la sensación de que la historia ha sido injusta con estas pioneras o, al menos, de que ha sido algo tacaña con su memoria.

La Ruta de Oregón fue una de las más habituales entre los pioneros que viajaban a California.

Catherine Haun, viajó en 1849 hacia California en una caravana integrada por pioneros, instalándose finalmente en Sacramento.

Amelia Stewart, partió embarazada en el largo y
duro viaje hacia el Oeste. Dio a luz en el camino.

El viaje de Margaret Reed, fue
uno de los que acabó en tragedia.

SI LOS HAS VISTO, NO SON APACHES

Ahora debemos irnos con esos bárbaros desgraciados, con nuestros cuerpos heridos y sangrando y nuestros corazones no menos sangrantes que nuestros cuerpos.

Mary Rowlandson

CAUTIVAS

Lo que más temían los colonos, lo que provocaba sus peores pesadillas, eran los indios, y en concreto, que las mujeres fueran asesinadas, ultrajadas o secuestradas por ellos. Antes de ser diezmados o destinados a reservas, los nativos atacaban periódicamente los asentamientos tomando prisioneros y saqueando. Con frecuencia tales incursiones tenían lugar, en palabras de algunos supervivientes, «entre el alba y el amanecer, cuando, desprevenidos, no estábamos preparados para hacer frente al ataque».

Pocos wésterns tratan el tema como *Centauros del Desierto*, la obra cumbre del género dirigida por John Ford. Ethan Edwards (John Wayne), encarna la figura de un hombre solitario, que emprende la búsqueda de una sobrina (Natalie Wood), raptada por los comanches. Abriga la idea de asesinarla si descubre que ha sido «contaminada» por ellos. En un momento del film, el grupo que parte en búsqueda de la cautiva da con otras muchachas que también fueron tomadas. La mayoría de ellas han perdido el juicio o se hallan en un estado que las impide conectar con la realidad.

Y es que la célebre frase: «el único indio bueno es el indio muerto» —cita atribuida erróneamente al general Custer (el oficial de caballería que moriría con las botas puestas en la batalla de Little Bighorn), pues estas palabras fueron pronunciadas por el general Philip Sheridan—, representa el parecer de aquellos pioneros.

Los secuestros de blancos fueron más habituales de lo que el cine nos ha dado a conocer, y sus reacciones ante aquello fueron tan variopintas como los desenlaces de sus respectivas situaciones. Para aquellas que fueron arrancadas de sus hogares para ser arrojadas al cautiverio, sus captores eran «crueles y brutales». En pocas palabras: «criaturas diabólicas».

«Ahora debemos irnos con esos bárbaros desgraciados, con nuestros cuerpos heridos y sangrando y nuestros corazones no menos sangrantes que nuestros cuerpos». Las palabras corresponden a Mary Rowlandson, capturada por los wampanoag[15] en 1676. Su relato comparó la experiencia con la de «un grupo de ovejas siendo desgarradas por lobos». «Todos ellos eran perros del infierno... rugiendo, cantando e insultando..., listos para arrancar los corazones de los habitantes de Lancaster[16], con sus armas relucientes y sedientas de sangre».

Aunque no siempre fue así. Elizabeth Hanson declaró que un indio llevaba a su bebé para que ella pudiera seguir el ritmo de los demás cautivos en el camino; cuando perdió el equilibrio, él, inesperadamente, «mostró algo de humanidad» al tenderle la mano. En cuanto a Isabella McCoy, fue testigo de cómo su

---

15. Nativos cuyo nombre significa «gente del Este», cuyos descendientes viven en la actualidad en los estados de Rhode Island y Massachusetts, así como en las Bahías de Bristol y las orillas del río Pawtucket.

16. Massachusetts.

captor le ofreció un caballo a otra mujer para evitar que muriera de fatiga en el bosque. Elizabeth Gilbert, narró así lo que ocurrió mientras ella y otros eran conducidos al campamento nativo: «Cuando una mujer fue superada por los dolores del parto en el camino, le improvisaron un refugio para que recuperara fuerzas. Tras el parto, le entregaron algunas prendas de vestir para el niño: una aguja... alfileres y corteza para atar la ropa del bebé. Esa noche, le dieron a la nueva madre gachas y panecillos de maíz así como una especie de tazón para remojar las raíces; Cuando se reanudó la marcha al día siguiente, ella y su hijo recién nacido fueron llevados en unas parihuelas a nuestro destino».

Jemima Howe, en cambio, vivió así la experiencia: «Cuando nos veíamos enfrentados a nada más que la naturaleza en compañía de aquellos salvajes, la mayoría de nosotros coincidíamos en que los bosques tenían un vivo parecido con el infierno».

> «Despertadas del letargo por los gritos de los intrusos, fuimos arrancadas de la cama y de nuestras casas para ser conducidas casi desmayadas y temblando a territorios inciertos». En el verano de 1689, Sarah Gerish, residente en Dover, New Hampshire, fue sacada apresuradamente del lecho y llevada «sin más ropa que unas medias cubriendo mis piernas».

Susannah Johnson se hallaba en los últimos días de su embarazo en Charlestown, New Hampshire, cuando atacaron el asentamiento antes del amanecer. Al verla, los indios le dieron un vestido y la llevaron junto con sus tres hijos a su poblado. En parte tuvo suerte, otras menos afortunadas fueron llevadas con sólo un camisón.

El panorama que se abría ante ellas era descorazonador. Doblegadas por el hambre y la fatiga eran empujadas por caminos de piedras cortantes que herían sus pies y hacían jirones sus ropas. Hubo quien prefirió la muerte al destino que les aguardaba. Fue el caso de Massy Harbison quien hizo acopio de valor para provocar a sus captores esperando que estos la mataran. Caminaba con ellos llevando un cuerno de pólvora al hombro, cuando decidió liberarse de las «crueldades y miserias» que tendría que soportar. Arrojó el cuerno de pólvora al suelo y cerró los ojos «esperando sentir en cualquier momento el mortal hacha de guerra». Para su sorpresa, uno de ellos recogió el cuerno de pólvora, maldijo su descuido y se lo volvió a poner en el hombro.

Más pronto, más tarde, la mayoría acababa aceptando su suerte como «nativas adoptadas» o esposas de los guerreros y jefes indios. Para ello lo primero que hacían los nativos era desprenderlas de su identidad. Se las castigaba si hablaban inglés y se les inculcaba la lengua de la tribu. También se las despojaba de sus ropas occidentales y sus zapatos eran sustituidos por unos mocasines, «el calzado del bosque», elaborados con piel de venado y a veces terminados con púas de puercoespín o cuentas de colores.

Olive Oatman fue hecha prisionera en el desierto de Mojave tras el ataque de unos apaches a su caravana. Ocurrió en 1850, mientras viajaba de Illinois a California con un grupo de feligreses. Los indios apalearon a la mayoría hasta la muerte y se llevaron a Olive y a su hermana menor Mary Ann, a las que tuvieron como esclavas durante un año, para luego venderlas a los mojave.

Por suerte, ambas fueron bien tratadas por estos últimos e integradas en la tribu. Mientras uno de los hermanos de Olive, Lorenzo Oatman, que no había muerto durante el ataque, se afanaba en obtener ayuda gubernamental para rescatar a sus hermanas, Mary Ann murió de hambre, fruto de una sequía que asoló la región, en tanto que Olive pasó los cuatro años siguientes entre los mojave.

Cinco años después del ataque, Olive fue devuelta a la sociedad blanca pero con un visible tatuaje azul en su mentón, que recuerdan las líneas verticales de las bocas de la marionetas, y que la acompañó de por vida. Olive Oatman se convirtió en una rareza en todo el país de la década de 1860 al ser la primera mujer blanca con un tatuaje nativo. Tiempo después narró la experiencia en sus memorias y en los discursos que ofició. Su historia inspiró novelas, obras de teatro, poesías y películas, aunque gran parte de lo que realmente vivió con los mojave siguió siendo un misterio.

* * *

Aunque consideradas «débiles e indefensas», las mujeres a menudo se resistían a ser capturadas. Mary Rowlandson, esposa de un ministro de Massachusetts, sostuvo que preferiría que la mataran antes que ser tomada viva; claro que, cuando llegó el momento, esta buena mujer cambió de opinión. Tras escuchar «el rugido de los cañones» y ver varias casas ardiendo y el humo ascendiendo en el cielo, su valor decayó eligiendo partir con «aquellas bestias voraces».

En mayo de 1791, tres shawnees armados irrumpieron en la casa de Mary Kinnan en el condado de Randolph, Virginia, y mataron a su marido. A pesar del «destello de los mosquetes», cogió a su hija y salió al escape corriendo «con la rapidez del viento».

Hubo también quienes se tomaron revancha de los ataques. En 1779 Experience Bozarth pudo actuar en defensa de su propia vida y la de su marido e hijos. La terrible escena no duró más de tres minutos, pero en ese breve lapso de tiempo, esta valiente mujer despachó a varios individuos que asaltaban su casa en el condado de Westmoreland, Pensilvania, con un hacha de guerra nativa. Primero atacó a un infortunado indio, «sesgándole el cerebro» de un solo golpe, a otro le infligió varios cortes profundos «algunos de los cuales dejaron asomar sus entrañas».

Cuando un intento de fuga resultaba inviable, algunas recurrieron a otras tácticas para poner a salvo su vida. La señora Brown y su sirvienta se hallaban en su casa situada en la frontera de Virginia, cuando fueron atacadas en la primavera de 1789. Incapaz de huir, la mujer agarró la boca del mosquete de un indio y le rogó que no la matara, sino que la tomara prisionera. Luego, señalando a su hijo pequeño, le prometió que, si le permitían vivir, después de un tiempo, se convertiría en un excelente joven guerrero.

Cuestión de supervivencia…

HANNAH DUSTON

Tomando revancha

1657-1737

E n una pequeña isla al norte de Concord, New Hampshire, hay una estatua de granito de unos siete metros de altura dedicada a una colona inglesa que fue hecha prisionera por los nativos americanos en 1697. La mujer porta en una mano un hacha de guerra; en la otra, unos cueros cabelludos.

La estatua fue erigida en 1874, en el lugar donde se pensaba que Hannah Duston, como se llamaba la mujer, había matado a una familia india tras ser raptada. Desde su inauguración, la escultura ha sido un símbolo del valor de aquella pionera, pero también de los duros tiempos en los que se produjo el choque entre los nativos americanos y los primeros colonos de América del Norte.

La ciudad de Haverhill, donde se encuentra el monumento, mandó construir otro similar en 1879. En él, Hannah Duston, con el pelo largo y suelto como una diosa del pasado, sostiene también un hacha de guerra en una mano pero apunta con la otra a un lugar impreciso en señal de acusación, sugiriendo que la responsabilidad de los actos que protagonizó, no recayó en ella.

Aunque hoy ha caído en el olvido, Hannah Duston fue la primera mujer estadounidense en ser conmemorada con un monumento público. Nació en 1657 en Massachusetts, en una época en la que las disputas entre los colonos ingleses, los franceses en Canadá y varias naciones nativas americanas regían el día a día. Las contiendas acabaron diezmando las naciones indias del sur de Nueva Inglaterra, que perdieron entre el sesenta y el ochenta por ciento de su población, así como su independencia. Muchos de estos indios fueron vendidos como esclavos.

A finales de la década de 1680, los supervivientes de esas tribus se habían unido a los abenaki y otras naciones indias de Nueva Inglaterra aliadas con los franceses, para luchar contra la expansión inglesa. Los nativos hicieron repetidas incursiones en los asentamientos ingleses quemando propiedades, matando o hiriendo a los colonos y tomando cautivos a unos cuantos, ya fuera para pedir rescate o para adoptarlos como reemplazos de sus propios familiares perdidos.

En este contexto, en marzo de 1697, una partida integrada en su mayoría por abenaki, atacó la ciudad de Haverhill, Massachusetts. Hannah Duston se hallaba en su hogar acompañada de su vecina Mary Neff. Los indios capturaron a las mujeres y a algunos vecinos, y emprendieron una dura marcha a pie hacia Canadá. Hannah había dado a luz una semana antes. Tuvo que presenciar cómo sus captores mataban a su bebé para no ver entorpecido el ritmo. El grupo viajó durante dos extenuantes semanas dejando a ambas mujeres con una familia nativa que a su vez ya tenía a otro joven inglés, y a un niño de 14 años que había sido secuestrado un año y medio antes. Durante aquel tiempo, Duston logró saber la forma correcta de matar a alguien con un hacha de guerra.

Una noche, ella, la otra mujer y el niño cautivo, que no estaban vigilados ni encerrados, se armaron con hachas. Avanzaron hacia la familia india y sin mediar contemplaciones ajusticiaron a todos sus miembros, incluidos seis niños. A continuación les arrancaron el cuero cabelludo, hiriendo a una mujer mayor que logró escapar. Después partieron en una canoa nativa, llevando los cueros cabelludos como trofeo. Navegaron por el río Merrimack hasta Massachusetts, donde la Asamblea General les hizo un homenaje y les entregó una recompensa de 50 libras a cada uno.

Hannah nunca escribió su historia. La mayor parte de lo que se sabe sobre ella proviene de un clérigo que publicó aquel suceso sin ahorrar elogios hacia ella y duras críticas por el «salvajismo» de sus captores. La versión de este hombre sobre la violencia india justificaba la venganza de Hannah Duston, para muchos, una heroína que libró una batalla justificada. Nadie se preguntó cómo una madre «inocente» pudo asesinar de aquella manera a seres humanos, entre ellos, seis niños. Para los colonos, Hannah Duston se encarnó en un símbolo en el debate sobre la expulsión de los indios de sus tierras.

El caso de Hannah Duston sirvió de justificación moral para el expansionismo en tierras indígenas. Cuando visitó Boston en abril de 1697, un mes después de su regreso triunfal, fue honrada por las autoridades. Para aquellos que veían a los nativos como una amenaza para el mantenimiento del orden cristiano, poco importaba que seis de los diez cueros cabelludos que su heroína se había cobrado, hubieran pertenecido a niños.

Era la década de 1890, la población india alcanzó un mínimo histórico y el gobierno de Estados Unidos confinó prácticamente a todos los nativos en reservas; El «problema indio» tocaba a su fin y, en consecuencia, el interés en la historia de Hannah Duston y otras mujeres como ella decayóhasta el punto de desaparecer de los libros de texto y de la cultura popular.

MARY JEMISON

Síndrome de Estocolmo

1753

En 1753, teniendo 13 años, Mary Jemison fue capturada en un lugar de la frontera de Pensilvania durante
la guerra de los Siete Años entre franceses, ingleses y
nativos americanos. Fue adoptada e incorporada a los Séneca,
una práctica habitual entre los iroqueses y otros pueblos que
buscaban reemplazar a un hermano o cónyuge perdido con un
cautivo. Se sabe de varios casos en los que los cautivos, una vez
integrados en una comunidad india, rechazaban la oportunidad
de regresar a su mundo anterior, hallando la vida en la sociedad
india más gratificante.

Muchos años después, siendo ya una anciana, Mary Jemison
contó su experiencia a James Seaver, un médico que vivía cerca
de su casa al oeste de Nueva York. La obra de Seaver inspirada
en «la mujer blanca de Genessee», como se la conoció, vendió
más de 100 000 copias en 1824. Este es un extracto basado en
las propias declaraciones de Mary Jemison:

> Habiendo amarrado a la orilla, las indias me dejaron en
> la canoa mientras se iban a su tienda, regresando después
> con un traje nuevo y muy limpio en sus manos. Mis ropas,
> en buen estado cuando me llevaron, ahora estaban hechas

jirones. Primero me desnudaron y arrojaron mis harapos al río; luego me lavaron y vistieron con el traje indio que acababan de traer. Después de esto me llevaron a su campamento y me hicieron sentar en el centro de su tienda india.

Estuve en esa situación sólo unos minutos, antes de que todas las indias del poblado vinieran a verme. Pronto me rodearon e inmediatamente lanzaron un aullido de lo más lúgubre. Lloraron amargamente y se retorcieron las manos en toda la agonía imaginable, en su dolor por un pariente fallecido.

Sus lágrimas corrían por sus rostros mostrando todos los signos de un verdadero duelo. Al comienzo de esta escena, una de ellas comenzó, con una voz entre hablada y cantada, a recitar unas palabras hasta que terminó la ceremonia; Despedían a su ser querido dando la bienvenida a mi llegada como símbolo de su renacimiento: «¡Nuestro compañero se ha ido!, pero, ¿por qué lamentar su pérdida? ¡Con la fuerza de un guerrero luchó con gritos de guerra! Su rifle derribó a sus enemigos: su hacha bebió de su sangre y su cuchillo desolló sus cueros cabelludos mientras aún estaban cubiertos de sangre. ¿Por qué lloramos? ¡Aunque cayó en el campo de los muertos, su espíritu está en la tierra de sus antepasados! Ha visto nuestra angustia y nos envía a alguien a quien saludamos con amor. Dickewamis ha llegado: ¡recibámosla con alegría! ¡Es hermosa y agradable! Es nuestra hermana y le damos la bienvenida. Ahora ella ocupa el lugar de nuestro hermano en nuestra tribu. La protegeremos de los problemas; que sea feliz hasta que su espíritu nos deje».

En el transcurso de esa ceremonia, del luto pasaron a mostrarse serenas; la alegría comenzó a brillar en sus rostros aceptándome como a un niño perdido hace mucho tiempo. Me llamaron Dickewamis; que significa algo así como una muchacha bonita, agradable o buena. Éste es el nombre con el que desde entonces me llamaron los indios.

Después supe que la ceremonia por la que pasaba en ese momento era la de adopción. Las mujeres habían perdido a un hermano en la guerra de Washington, en algún momento del año anterior, y en consecuencia fueron a Fort Pitt, el día en que yo llegué allí, para tomar el cuero cabelludo de un enemigo y así suplir su pérdida. Es costumbre de los indios, cuando uno de ellos cae muerto o es tomado preso en batalla, ofrecer un prisionero al pariente más cercano del fallecido, o el cuero cabelludo de un enemigo.

Tras el regreso de los indios de la batalla, que siempre se anuncia con gritos peculiares, demostraciones de alegría y la exhibición de algún trofeo de victoria, los dolientes se acercan y reclaman su tributo. Si reciben a un prisionero, tienen la opción de saciar su venganza quitándole la vida de la manera más cruel que puedan concebir; o, recibirlo y adoptarlo en la familia, ocupando este el lugar de aquel a quien han perdido.

Todos los prisioneros tomados en la batalla y llevados al campamento indio son entregados a las familias de los deudos, hasta que estos recuperan el número de los fallecidos. Y a menos que los dolientes acaben de recibir la noticia de su duelo y se encuentren bajo el efecto de un paroxismo de dolor, ira y venganza; o, a menos que el prisionero sea muy viejo, enfermizo o feo, generalmente lo salvan y lo tratan amablemente. Pero si su herida mental es reciente, su pérdida es tan grande que la consideran irreparable, o si su prisionero no es digno de su aprobación, ninguna tortura, por cruel que sea, parece suficiente para satisfacerlos. Son los sacrificios familiares entre los indios los que les han dado un sello indeleble como bárbaros, y han identificado su carácter con la idea de la ferocidad insensible y la crueldad más atroz.

Fue una feliz suerte ser aceptada en adopción: y en el momento de la ceremonia fui recibida por las dos mujeres indias, para ocupar el lugar de su madre en la familia; y siempre fui considerada y tratada por ellos como una verdadera hermana, como si hubiera sido hija de su familia.

Durante aquel rito me senté inmóvil, casi muerta de terror ante la apariencia y las acciones de las mujeres, esperando en cada momento sentir su venganza y sufrir la muerte en el acto. Pero quedé sorprendida cuando, al terminar la ceremonia, las otras mujeres se retiraron y mis «nuevas hermanas» emplearon todos los medios para mi consuelo y comodidad.

Una vez establecida y provista de un hogar, me dediqué a cuidar a los niños y a hacer trabajos domésticos. De vez en cuando me enviaban con los cazadores cuando recorrían una distancia corta, para ayudarlos a llevar sus presas. Mi situación resultó afortunada; No tuve dificultades especiales que soportar. Pero aún así, el recuerdo de mis padres, mis hermanos y hermanas, mi hogar y mi propio cautiverio arruinaron mi felicidad y me hicieron una persona solitaria y sombría.

Mis hermanas no me permitían hablar inglés; pero recordando la petición de mi querida madre al dejarla, cada vez que me hallaba sola me ocupaba de repetir mi oración, catecismo o cualquier otra cosa para no olvidar mi lengua. Al practicar de esa manera la conservé hasta llegar a Genesee Flats, donde pronto conocí a ingleses con quienes tenía la costumbre de conversar casi a diario. Mis nuevas hermanas fueron diligentes en enseñarme su idioma; y para satisfacción suya, pronto aprendí y pude hablarlo con fluidez. Tuve suerte de caer en sus manos; pues eran mujeres bondadosas y apacibles en sus disposiciones y en sus hábitos, y tiernas y gentiles conmigo. Tengo grandes motivos para respetarlas, aunque llevan muertas muchos años.

El lugar donde vivían estaba situado en el Ohio, en la desembocadura del Shenanjee. La tierra producía buen maíz; los bosques ofrecían abundante caza y las aguas rebosaban de peces. Pasamos los veranos en aquel lugar, donde sembramos, escarbamos y recogimos una gran cosecha de maíz de excelente calidad.

Una vez cosechado el maíz, se transportaba a caballo y en canoas, siguiendo el cauce del Ohio, y aprovechando para cazar durante algunos días. En la desembocadura del río Sciota; establecimos nuestro campamento de invierno y se siguió cazando hasta la primavera siguiente, en el desierto adyacente.

Estando en ese lugar, fui con los otros niños para ayudar a los cazadores a traer las capturas. Los bosques del Sciota estaban bien abastecidos de alces, ciervos y otros animales; y los pantanos contenían grandes cantidades de castores, ratas almizcleras, etc., que constituían un festín para los indios; no solo por la carne sino también para las municiones y las pieles.

Una vez pasada la temporada de caza, todos regresamos en primavera a la desembocadura del río Shenanjee, a las casas y campos que habíamos dejado en el otoño anterior. Allí volvimos a sembrar maíz, calabazas y frijoles en los campos que ocupamos el verano anterior.

Hacia la época de la siembra, nuestros hombres subieron a Fort Pitt para hacer las paces con los británicos, que acababan de arrebatárselo a los franceses, y me llevaron con ellos. Desembarcamos en el lado opuesto del río desde el fuerte y acampamos para pasar la noche. Temprano a la mañana siguiente, me llevaron al fuerte para ver a los blancos que estaban allí. Fue entonces cuando mi corazón se propuso liberarse de los indios y ser devuelto a mis amigos y a mi país.

Los blancos se sorprendieron de verme con los indios, soportando las penalidades de una vida salvaje a una edad tan temprana y con una constitución tan delicada como parecía tener. Me preguntaron mi nombre; dónde y cuándo me llevaron, y parecían muy interesados en mi nombre. Continuaban sus investigaciones, cuando mis hermanas se alarmaron, creyendo que me iban a arrebatar, me metieron apresuradamente en su canoa y volvimos a cruzar el río; sacaron el pan del fuego y huyeron conmigo, sin detenerse, hasta llegar al río Shenanjee. Tan grande era su temor de perderme, que ni una sola vez dejaron de remar hasta llegar al poblado.

Poco después de dejar la orilla, según me informó uno de mis hermanos indios, los blancos vinieron para llevarme de regreso; pero después de una búsqueda diligente para encontrar el lugar dónde estaba oculta, regresaron con el corazón apesadumbrado.

Aunque llevaba más de un año con los indios y me había habituado a su modo de vida y apegado a mis hermanas, la visión de gente blanca que hablaba inglés me produjo una ansiedad indescriptible por regresar a casa con ellos y disfrutar de nuevo de las bendiciones de la civilización. De esta forma, mi repentina partida me pareció un segundo cautiverio, y durante mucho tiempo cavilé sobre lo miserable de mi situación con tanta pena y abatimiento como los de mis primeros sufrimientos. Pero el tiempo, destructor de todo afecto, desgastó tales sentimientos y me sentí de nuevo tan feliz como antes de aquel encuentro.

JENNY WILEY

Once meses de cautiverio
1789

Aquel día, nada presagiaba algo fuera de lo habitual. Jenny Wiley y su esposo Thomas Wiley vivían en el área de Walkers Creek, en lo que ahora es el condado de Bland, Virginia. En 1778, cuando Jenny contaba 18 años, habían levantado con sus propias manos una cabaña donde formar una familia. Llevaban una vida de austeridad. La palabra «capricho» no entraba en el vocabulario de este matrimonio pionero que vivía del trueque de los productos que cultivaban y de la granja.

Era una lluviosa tarde del 1 de octubre de 1789 cuando John Borders se hallaba reuniendo algunas ovejas que se habían descarriado la noche anterior. La luz de la tarde empezaba a caer proyectando sombras alargadas en el prado. El silencio podía sentirse con mayor intensidad que otras veces. Algo en el aire delataba la presencia de personas o animales que se movían con sigilo en los alrededores. De pronto, escuchó el ulular de búhos en el bosque cercano. Aquello le pareció extraño, ya que los búhos rara vez ululaban antes del anochecer. Cuando advirtió que aquellos sonidos provenían de varias direcciones, comprendió que no eran sino señales de indios shawnee.

Debía advertir a los demás vecinos de inmediato. Pero, ¿cómo hacerlo? ¿Cómo llegar antes que los nativos al asentamiento que estaba indefenso? Los Harman, los Skaggs, los Draper... todos habían partido en busca de caza para asegurar carne de cara al invierno.

Primero debía advertir a su cuñada Jenny Wiley (John estaba casado con la hermana de Jenny, Elizabeth). Ella era la que vivía más cerca de donde él se hallaba y sabía que su marido, Thomas Wiley, había ido al puesto comercial. Cuando llegó a la cabaña, Jenny estaba sentada tejiendo apaciblemente ropa de invierno. John le transmitió su temor de que hubiera indios cerca y planearan un ataque antes del amanecer. La instó a escapar con sus cuatro hijos. A continuación, Borders partió para prevenir a las otras familias.

Ella se demoró más de la cuenta y aquellos preciosos minutos fueron decisivos en su suerte. Jenny estaba embarazada de su quinto hijo. Tenía 29 años y llevaba diez años casada. Batt Sellards, el hermano de 15 años de edad, también se hallaba en la cabaña.

Se escucharon unos gritos que parecían diabólicos. Jenny distinguió a un grupo de nativos cruzando la colina para atacar el campamento. Uno de los colonos, un anciano llamado Henry Harman, disparó el primer tiro matando a uno de los indios. Aquel disparo era también la señal para que los hombres regresaran al campamento. Solo significaba una cosa: indios. Al oírlo, uno de los cazadores sacó su cuerno y lo tocó para alertar a sus compañeros. Estos se acercaron sigilosamente y se dispersaron. Comenzaron a disparar matando a varios de los atacantes. Uno de los nativos, un viejo jefe cherokee, vio al anciano Henry Harman armado con su escopeta y lo reconoció. Lentamente tomó su arco, apuntó y disparó hasta cuatro flechas al pecho de Henry. La lucha siguió durante minutos que parecieron horas con bajas en ambos bandos. Uno de los nativos caídos era el hijo del jefe cherokee. Este, abatido de dolor, ordenó al grupo que cesaran el ataque, pero antes de abandonar el campamento juró venganza contra la familia Harman por matar a su hijo. Los indios dieron media vuelta con un terrible grito de guerra.

Esa noche, Jenny y su hermano Batt escucharon nuevamente gritos de indios. Ambos intentaron cerrar la puerta con una barricada, apilando cuanto pudieron encontrar, pero los indios no tardaron en reventar las bisagras y la derribaron. Había dos cherokees, uno de ellos el jefe, tres hurones[17] y tres shawnee[18]. Su líder era un curandero conocido como *Black Wolf*. Jenny y su hermano intentaron luchar, pero Batt y tres hijos de Jenny fueron asesinados. Jenny presenció la terrible escena mientras sostenía en brazos al pequeño Tommy, de 15 meses.

Vio cómo todos hablaban acaloradamente. Escuchó el nombre de Harman. Pensó que tal vez entenderían inglés y gritó: «Esta no es la casa de Tice Harman», creyendo que eso podría salvarle la vida y la dejaran allí. Los indios callaron durante unos instantes, pero luego prendieron fuego a la cabaña y partieron llevándose a Jenny y a su bebé. El jefe shawnee reclamó a Jenny como su cautiva.

Jenny no esperaba gran ayuda de los colonos. Poco podía hacerse contra aquellos guerreros que parecían vivir para robar, para asesinar, para incendiar… Sin embargo, los asaltos contra asentamientos de colonos se habían intensificado y el temor y

---

17. Pueblo indígena que vivía en comunidades de hasta mil individuos. En la actualidad tienen una reserva en Quebec, Canadá, y tres grandes asentamientos gobernados de forma independiente y reconocidos por Estados Unidos.

18. Nativos que vivían en la cuenca del río Cumberland, en Tennessee y parte de Pensilvania, Carolina del Sur y Ohio. Aliados con los cherokee, se opusieron a la invasión de los europeos.

la indignación habían crecido hasta el punto de crearse milicias para librar la zona de pieles rojas. El humo de los incendios, las lluvias de flechas, el sonido de disparos, las emboscadas nocturnas, los gritos de las mujeres y los niños… todo ello formaba parte del día a día en aquellas regiones donde la vida parecía no tener valor.

Jenny caminó durante horas tomando atajos y vadeando caudalosos arroyos. A ella le resultaba difícil seguir el ritmo. Al peso del bebé se sumaba su larga falda de lana que absorbía el agua como una esponja. Pero temía que de no seguir el ritmo la mataran. Muchas veces pensaba que no podía ir más lejos sintiendo sus pies helados y sus fuerzas doblegadas. Le aterraba pensar que en su condición, de ser abandonada, sería una presa fácil para osos y lobos.

El jefe cherokee se enojó en varias ocasiones. Ella entendió lo que decía. Pedía que mataran al bebé que interrumpía el ritmo de la madre. Jenny le suplicó a *Black Wolf* que salvara a su hijo y prometió no demorarse.

Siempre hacia el norte, cruzaron la cordillera Great Flat Gap, Carolina del Norte, y siguieron el cauce del río Guyandot y el Tug, Virginia Occidental, en dirección al actual Ohio. Seguían antiguos caminos tribales, y Jenny tenía la impresión de pisar sobre generaciones de pies descalzos. Se sumergieron en bosques que lo ocultaban todo, deslizándose a través de una maraña de vegetación que impedía el paso de la luz del sol y brillaba a la luz de la luna. El camino era diferente a todo lo que hubiera visto antes.

Llegado un punto, el pequeño Tommy enfermó de resfriado y la fiebre consumió su cuerpecito. Una noche, mientras Jenny dormía, los indios lo mataron.

Al día siguiente, los exploradores nativos informaron que seguían su rastro un grupo de hombres blancos a caballo. Al anochecer celebraron una reunión del consejo y el jefe cherokee sugirió matar a «la *Squaw* Blanca». Ella ralentizaba el avance. Pero *Black Wolf* zanjó el asunto declarando: "La *Squaw* Blanca sigue así, la *Squaw* Blanca vive". Aquella era una escena surrealista y vital para Jenny, que en aquel momento, por primera vez miró al jefe cherokee con agradecimiento.

Conocer la vida nativa en estado puro y descubrir regiones que los colonos no habían pisado jamás formaba parte de todo aquello. Todo resultaba una novedad y, a la vez, una pesadilla. A aquellas alturas ya entendía lo que los indios decían, sabía distinguir las raíces comestibles, manejar un tosco cuchillo para desollar un animal, caminar por terrenos ásperos y pedregosos, acoplarse a las zancadas largas sin alterar el ritmo de sus captores... Era una extraña en una tierra extranjera acompañada por unos hombres de una raza ajena a la suya y cuya presencia apenas lograba romper la sensación de soledad. Había algo primitivo en todo ello. La búsqueda de agua y de alimento cada día. La ausencia de un candil en la oscuridad, la elección de un refugio idóneo donde pernoctar...

Trepando y renqueando por las laderas de las montañas, avanzaban siempre hacia el norte. Al alcanzar el río Tug[19], las aguas estaban crecidas y corrían rápidas y caudalosas arrastrando ramas y algunos troncos. Jenny sintió que el terror la invadía. No quería adentrarse en aquella corriente en la que posiblemente hallaría la muerte, pero fue obligada a hacerlo. Se hallaban en

---

19. El río Tug Fork es un afluente del río Big Sandy, ubicado entre el suroeste de Virginia Occidental y el este de Kentucky. Junto con el Big Sandy y el Ohio, es parte de la cuenca del Misisipi.

mitad del caudal cuando el grupo de perseguidores, los vieron cruzar el río. Si sintieron deseos de disparar, no lo hicieron por temor a que los salvajes ahogaran a Jenny. Ya casi había anochecido y pensaron que el grupo de salvajes se detendría a descansar. Harman y sus hombres decidieron acampar y esperar hasta la mañana siguiente para proseguir la búsqueda. Pero los indios no se detuvieron. Continuaron hasta llegar a una casa de piedra donde reponer fuerzas y reanudaron la marcha hasta llegar a orillas del río Ohio. Vadearon su caudalosa corriente en un tramo donde las aguas eran algo más mansas.

Jenny enfermó gravemente y fue conducida hasta una pequeña cueva donde dio a luz a un niño al que mataron de inmediato. A partir de ahí, cayó en un estado de depresión del que no quiso salir. Sentía que no le quedaba nada por lo que luchar. Aquello parecía más un sueño que algo real. ¿Eran acaso, aquellos hombres criaturas surgidas de su imaginación? Su débil cuerpo flaqueaba día a día.

Black Wolf advirtió la debilidad de aquella mujer abandonada a la muerte. Apenas comía ni bebía y las fuerzas no le alcanzaban para caminar. Su mirada se había nublado. Ni una palabra salía de su boca. Ordenó que se mantuviera un fuego encendido en la cueva, mientras él usaba todas sus hierbas medicinales, cazaba y alimentaba a Jenny con carne.

Pasaron los días y poco a poco Jenny se fue reponiendo. El color regresó a sus mejillas. Sus ojos volvieron a recuperar su brillo. El descanso y los cuidados obraron su magia en ella. Sin embargo, su actitud jamás volvería a ser la misma.

Pasaron varios meses de continuos traslados con descansos intermitentes. Salieron de la desembocadura de Cherokee

Creek en abril y dejaron atrás el Hood Creek y el Laurel Creek[20] hasta llegar a las cascadas de Little Mudlick Falls[21]. Aquel sería su último destino con sus captores.

Durante todo ese tiempo Jenny había tenido que aprender a adaptarse para sobrevivir. Se vio obligada a ir a cazar, a desollar a los animales, a cortar la carne, cocinar, coser, recoger leña del bosque, mantener encendidas las hogueras y curtir pieles. *Black Wolf* le enseñó a Jenny cómo hacer todo aquello.

No había noche en que Jenny no soñara con su fuga. Tras once meses de penurias, de hambre, de frío, de rabia y de soledad, no había día en que no se hiciera la promesa de escapar y de cobrarse venganza. A muchos kilómetros de distancia de cualquier asentamiento, e incapaz de sentirse como una india, se enfrentaba a la triste realidad de su situación. Imaginaba una ruta de escape que la conducía hasta un río en cuya orilla opuesta se alzaba un fuerte. Llevaban tiempo sin tener noticias de la partida de colonos que los había seguido durante todo aquel tiempo. Si quería escapar, debía hacerlo por sus propios medios. En su penosa marcha había fortalecido su musculatura, desarrollado su instinto, había aprendido a evitar a los depredadores, a sobrevivir en el bosque y se había endurecido como persona. Era cuestión de buscar el momento propicio. Sabía lo que se jugaba si su intento salía mal, pero no podría resistir mucho más en aquella situación, viviendo como mujer del jefe *Black Wolf*, acatando sus órdenes, temiendo por su vida.

Olía a otoño cuando una mañana, aprovechando que los hombres se hallaban cazando, Jenny decidió escapar. Podía ver

---

20.   Ríos ubicados en el condado de Watauga en Carolina del Norte.

21.   Cataratas del estado de Kentucky que en la actualidad llevan por nombre Jenny Wiley Falls en memoria de nuestra protagonista.

en torno a ella, aquella naturaleza que parecía llamarla a gritos. Se levantó de la piedra donde estaba sentada y corrió cuanto le permitieron las piernas, sin mirar atrás, con el corazón desbocándose a cada paso. A menudo tropezaba con ramas o raíces del suelo, pero volvía a levantarse con fuerzas renovadas. Corrió y corrió casi sin aliento, siguiendo un desfiladero que creyó reconocer hasta que sus pasos la condujeron al cruce del río Big Paint Creek[22].

El arroyo estaba crecido y sus aguas fluían desbordadas, levantando nubes de espuma allí donde el fondo del caudal tocaba contra las rocas. Después de unos momentos de duda y de pánico, Jenny se zambulló en el cauce del río. Sus ropas mojadas la hundían y la corriente la arrastraba sin apenas permitirle sacar la cabeza para tomar aire. A punto estuvo de ahogarse, pero logró agarrarse a la copa de un árbol caído y de esta forma pudo vadear la corriente.

Pasaron los días en una especie de vigilia y de ensoñación. Apenas dormía. Siempre alerta, se sentía perseguida por perros de presa. El agotamiento iba haciendo mella en ella, siempre aguzando la vista y el oído ante la amenaza, más que probable, de que la siguieran. Caminaba cada día hasta casi ser engullida por la noche. Pero habituada como estaba a largas marchas, siguió cruzando bosques donde creyó haber acampado anteriormente. Algo la impulsaba a avanzar siguiendo un rastro invisible. Su instinto parecía decirle que iba en la dirección correcta. Atisbó las cumbres de las montañas que le resultaron familiares. Creyó reconocer los bosques, las quebradas.

Una de aquellas tardes, alcanzó una bifurcación del sendero que se internaba por el bosque. Siguió el camino hasta toparse

---

22. Afluente del río Levisa Fork en el condado de Johnson, Kentucky.

con un arroyo cuyo cauce la condujo hasta un caudaloso río (Paint Creek). Aquello eran palabras mayores. La rápida corriente y el reflujo que rompía de forma violenta en las orillas, hacían peligroso intentar cruzarlo. Casi no le quedaban fuerzas y comprendió que debía descansar. Decidió esperar hasta la mañana siguiente para intentar cruzarlo.

Aquella noche apenas pudo dormir. Sabía que *Black Wolf* y sus hombres eran auténticos rastreadores. Trabajaban en equipo, se desplegaban dejando una punta de avance que se comunicaba con el resto mediante gestos con las manos y miradas que barrían los alrededores de forma metódica, sin perder detalle. Estaba segura de que la seguían de cerca. Cualquier sonido nocturno, el simple soplo del viento contra una rama, los pasos apresurados de un pequeño roedor, la ponían en guardia. Deseaba que amaneciera para intentar cruzar el río. En cierto modo, las estrellas la relajaban. Siempre estaban allí cuando alzaba la vista. Eran como amigas que vigilaban que no le pasara nada malo. Ojalá fuera así, pensó, antes de caer rendida por la fatiga.

El día despuntó envuelto en una espesa niebla que prácticamente impedía la visión. Jenny esperó y esperó, aguzando el oído. Su corazón latía desbocado. Presagiaba algún suceso que decidiría su suerte. Cuando la bruma se disipó, y como por una especie de encantamiento, Jenny divisó un fuerte que se erigía al otro lado del río. Cerró y abrió los ojos varias veces para convencerse de que estaba despierta. ¿Era real o estaba soñando? Se quedó aturdida y pasaron unos segundos antes de que pudiera darse cuenta de que lo que veía era tangible. De pronto, un relámpago estalló en el cielo alumbrando de violeta aquel amanecer. Todo el miedo, el agotamiento y el hambre acumulados se desbordaron y, por un momento, se sintió flaquear. Sus piernas apenas respondían. Las lágrimas corrían por su rostro. Estaba salvada. Pero aún tenía que dar el último paso. Cruzar aquella masa de agua.

Aquel era el fuerte de su sueño, era la estación Harman. Había mujeres y niños en sus inmediaciones. Jenny empezó a llamar a las mujeres, pero estas se asustaron ante la fantasmagórica visión y entraron en el fuerte. Segundos despues salió un anciano. Jenny empezó a gritarle: «¡Sálvenme de los indios!». El anciano era Henry Skaggs. Al reconocerlo como uno de los vecinos de su asentamiento que estaba de caza cuando fueron atacados, no pudo contener las lágrimas.

Este, aún sin caer en la cuenta de quién era ella, gritó: «¿Quién eres?». Jenny, cerrando sus manos en torno a su boca para concentrar el volumen de su voz, respondió: «¡Jenny...Jenny Wiley!». El hombre pareció mirarla sin dar crédito a sus ojos. Aquella mujer de aspecto semisalvaje, ataviada con mocasines y ropas hechas jirones, con el pelo desgreñado y la piel curtida por el sol, era la esposa de Wiley secuestrada casi un año antes. Enseguida se puso manos a la obra e improvisó una rudimentaria balsa con unos troncos. De esta forma logró acercarse hasta ella. Jenny se aferró a aquel bendito salvavidas sabiendo que le iba la vida en ello. Cuando ambos estaban a punto de llegar al otro lado del río, de pronto aparecieron los indios.

Allí estaban, silenciosos, graves, viéndola escapar. *Black Wolf* la miraba con el odio dibujado en sus ojos. Un rictus de derrota y a la vez de asombro se reflejaba en su rostro. Parecía paralizado por la sorpresa. Aquella frágil mujer que había convivido con él, se había convertido en toda una guerrera. No quería renunciar a ella. Con todo el poder y la fuerza de su voz, gritó: «¡*White Squaw*, regresa!». En ese momento, Henry Skaggs, que acababa de poner un pie en tierra, tomó su rifle y apuntó en su dirección.

Los indios huyeron entonces desapareciendo para siempre en la espesura.

La noticia corrió como la pólvora en los campamentos de colonos. Jenny Wiley había logrado escapar sola de sus captores tras once meses de cautiverio. No se hablaba de otra cosa.

Días después, cuando Jenny se recuperó, se organizó una pequeña escolta para acompañarla hasta la cabaña donde aún vivía su marido. Este había reconstruido la vivienda que había sido quemada por los indios.

Con el tiempo, ella y su esposo acabaron formando una nueva familia. La vida siguió siendo dura, pero Jenny fue consciente cada día de que el destino le había dado una segunda oportunidad.

Durante diez años vivieron en el que había sido su primer hogar y luego compraron un terreno donde pasaron treinta años, a orillas del río Big Sandy, en la desembocadura del Tom's Creek.

Jenny murió en 1831. Sus restos fueron enterrados cerca de la granja en River donde pasó sus últimos años. Hay un parque y un monumento dedicado a esta luchadora en un lugar llamado Prestonsburg[23] (el parque estatal Jenny Wiley) donde se encuentra un teatro que también lleva su nombre. Es uno de los muchos tributos que mantienen vivo su recuerdo. También se celebra anualmente una importante carrera de caballos que lleva su nombre. Parece un guiño del destino por la velocidad con la que sus pies volaron aquel lejano día para poner a salvo su vida.

---

23. Ciudad del condado de Floyd, Kentucky.

FANNY KELLY Y
SARAH LARIMER

Secuestradas por los sioux

1864

E l 12 de julio de 1864, el desafortunado grupo integrado por las familias Kelly y Larimer había cruzado el arroyo Little Box Elder Creek en las Montañas Rocosas, Wyoming, a través de la ruta de Oregón cuando, hallándose a unos 130 kilómetros de la protección que ofrecía Fort Laramie, se toparon con unos doscientos cincuenta indios pintados para un ataque y liderados por su jefe Ottawa. El grupo de viajeros, ampliamente superado en número, intentó apaciguar a los guerreros.

Según el único relato que se ha conservado de los sioux, estos habían ido a ver el «Camino Santo» del hombre blanco (el camino de Oregón) del que habían oído hablar. Allí, según ellos, se cruzaron con unos blancos con quienes comieron y fumaron. Se hallaban aún sentados cuando llegó un mensajero sioux informando que los soldados estadounidenses habían matado a varios familiares de los guerreros en el río Misuri, poniendo sus cabezas en postes. Los sioux, enojados, dispararon a algunos emigrantes que murieron en el acto. Josiah Kelly, William Larimer y otro hombre llamado Wakefield, lograron escapar, mientras que las mujeres (Sarah Larimer, Fanny Kelly y Mary

Hurley) y sus hijos fueron hechos prisioneros. Antes de partir, los sioux procedieron a saquear los cinco carros.

Kelly, Larimer y Wakefield se separaron para buscar ayuda. Kelly partió en busca de la protección de alguna gran caravana, que halló a pocos kilómetros de distancia. Más tarde encontraría a Larimer con una herida de flecha en el brazo, y a Wakefield con tres flechas clavadas en distintas partes del cuerpo, pero aún con vida. Tras un par de días de marcha pudieron alcanzar una estación que contaba con una guarnición del ejército.

Mientras tanto, las prisioneras intentaron escapar. La misma noche de su captura, Fanny Kelly ayudó a Mary Hurley a escabullirse en la oscuridad. Fanny quiso seguirla, pero fue atrapada y golpeada salvajemente por los indios. El cadáver de Mary, sin el cuero cabelludo y el cuerpo saeteado por numerosas flechas fue hallado días después por su tío, que le dio sepultura. Sarah Larimer y su hijo de 8 años, Frank, lograron escapar la noche siguiente y tras muchas dificultades se reunieron con William Larimer en Deer Creek. Cuando ella se recuperó de sus heridas, la familia regresó a Kansas.

En cambio, el cautiverio de Fanny Kelly duró cinco meses durante los cuales padeció todo tipo de vejaciones. Según el libro que publicó tiempo después, al principio logró disipar la ira de sus captores con algunos billetes, informándoles de su valor. Sin embargo, la vida con ellos, en palabras suyas, llegó a extremos despiadados. El jefe de la tribu casi la mata en una ocasión por echar a perder su pipa, que a ella se le había caído y se había roto. Otra escena que puso en peligro su vida se produjo al aceptar inocentemente un regalo ofrecido por el cuñado del antiguo jefe, incurriendo así en un error imperdonable. Enojado, el jefe mató uno de los caballos de su cuñado. Este intentó tomar represalias apuntando con su arco al pecho de Fanny, pero un joven guerrero logró arrebatarle el arco a tiempo.

Transcurrieron cinco meses de cautiverio, en el transcurso de los cuales Fanny se las ingenió para sobrevivir y adaptarse a su nueva vida.

Un día, los indios llegaron a las proximidades del asentamiento donde había vivido Fanny. Allí fueron rechazados por una fuerza del ejército de la Unión. Fanny y el resto de las mujeres y los niños, fueron llevados a toda prisa a un lugar seguro por los hombres de la tribu.

Después de varios días de persecución, el ejército de la Unión se dio por vencido no antes de haberse cobrado la vida de un puñado de indígenas. Cuando los sioux regresaron a sus hogares, se sentían tan enojados por sus pérdidas que amenazaron con quemar a Fanny en la hoguera. En un consejo para decidir su destino, Ottawa habló por ella y sus palabras la salvaron de una muerte terrible. A partir de ese momento, se convirtió en «propiedad exclusiva» de Ottawa. Ella lo describió como «un hombre de más de setenta y cinco años y parcialmente ciego».

Las cosas parecieron augurar un feliz desenlace del cautiverio de Fanny cuando un sioux llamado Porcupine llegó al campamento con una carta del capitán Marshall de la Undécima Caballería de Ohio detallando los intentos que se habían hecho para rescatar a Fanny. Confesó que le habían ofrecido una recompensa por ayudar a liberarla, pero decidió no hacerlo, negándose incluso a llevar un mensaje de respuesta al Ejército.

El 5 de septiembre un grupo de sioux atacó parte de una caravana liderada por el capitán James Fisk que llevaba colonos hacia Montana; el ataque fue rechazado si bien los blancos sufrieron doce bajas contra los seis indios caídos. Estos hicieron que Fanny intercambiara cartas con el capitán Fisk, con la artimaña de que sus hombres, no previendo nuevos ataques, bajaran la guardia. Pero como los sioux no sabían hablar inglés, Fanny pudo advertir a Fisk de sus verdaderas intenciones. Este intentó sin éxito rescatarla, pero se hizo la promesa de difundir la noticia de su situación.

Cuando el jefe Ottawa tuvo que partir, Fanny fue enviada a vivir a otra aldea con una pareja de ancianos. Mientras estuvo allí, se reunió y habló varias veces con el jefe descubriendo que su marido le había ofrecido dos vestidos como rescate por su liberación, pero el indio le había asegurado a Kelly desconocer su paradero.

Fanny estaba en manos de una facción del pueblo sioux, los oglala. Cuando se desató una batalla entre el general Sully, enviado para detener los ataques a los colonos, otra facción sioux, los sihasapa, decidió hacer una oferta de paz. Informado por el capitán Fisk de la situación de Fanny, Sully insistió en que fuera liberada como parte del acuerdo. Los sihasapa confesaron quienes la retenían.

Un día de noviembre, los guerreros fueron al campamento oglala para negociar la liberación. Aunque al principio estos rehusaron entregarla, acabaron por hacerlo.

Fanny descubrió que otros grupos, al saber de la recompensa ofrecida por su liberación, habían intentado comprarla. Algunos comerciantes blancos incluso se ofrecieron a comprar su liberación; todos excepto uno de ellos murieron a manos de los indios. Fanny comenzó a temer que los sihasapa tuvieran la intención de atacar Fort Sully y no entregarla después de todo.

Uno de aquellos días, el indio que la había protegido al ser capturada la visitó, recordándole que él había salvado su vida. Declaró que quería ser «más que un amigo» para ella. Fanny supo desembarazarse de la proposición y le pidió que llevara una carta al general Sully, lo que él aceptó de mala gana. En ella, advertía sobre un inminente ataque por sorpresa. Aunque Fanny nunca volvió a ver al amigo indio, la carta que él entregó condujo a su liberación.

Un gran contingente de guerreros sihasapa la llevó a Fort Sully. Como si las puertas del cielo se abrieran, el 9 de diciembre se vio escoltada por un grupo de doce jefes hasta el interior del fuerte; las puertas se cerraron tras ellos impidiendo el ataque que Fanny había aventurado. Posó la mirada en el montón de rostros que se apiñaban para observarla. Había algo de ternura en ellos. Y también de sorpresa y admiración. Tras cinco meses de cautiverio, estaba en libertad.

Dos meses más tarde, su marido se reunió con ella. Había terminado su pesadilla.

Fanny Kelly escribió un libro sobre sus experiencias titulado: «Mi cautiverio entre los indios sioux». Según algunos, a pesar de que Fanny afirmó no haber sufrido «ningún insulto personal o trato inmoral», al parecer fue vendida a un hunkpapa sioux llamado Brings Plenty que la tomó como su esposa. Este se sentía tan satisfecho con su comportamiento dócil, especialmente en comparación con las mujeres sioux, que la llamó «Mujer Real», y fue sólo con gran dificultad que quedó liberada de él nada menos que por Toro Sentado. En esta versión de los hechos, Fanny fue devuelta sana y salva a Fort Sully bajo la protección de este gran guerrero. El destino de esta mujer estuvo ligado para bien o para mal al de los nativos a los que tanto temió y también admiró.

SARAH WARE

Sobreviviendo a once flechas

1866

No siempre los ataques indios se saldaron con el secuestro de mujeres. Hubo quienes sobrevivieron para contarlo después de haber resultado gravemente heridas. Ese fue el caso de Sarah Ware Kincheole.

Sarah Ware era la hija mayor del capitán William Ware, quien fundó un asentamiento en el condado de Uvalde, Texas, en 1852. La pequeña Sarah tenía 11 años, en 1849, cuando viajaba con su madre en un carro cubierto que había partido hacia el condado de Kaufman, Texas, donde la familia esperaba crear un nuevo hogar en la frontera del río Nueces en Texas.

Sarah nació en 1838, pocos años después de la guerra de la Revolución de Texas, en la que su padre había servido como capitán. El capitán Ware había llegado a Texas en la primera ola de inmigración, estableciéndose en el condado de Montgomery, Maryland, donde nació Sarah.

En el viaje de 1852, la madre de la pequeña Sarah murió por causas sin determinar. Sarah y su hermana, Eliza Ann, se convirtieron así en las improvisadas madres de sus hermanos pequeños.

Un año después, en el nuevo hogar a orillas del Sabinal, los hijos del matrimonio Ware quedaron totalmente desvalidos tras la muerte del padre. Sarah quedó a cargo de sus cinco hermanas menores y un hermano de 13 años, John Ware, en aquel desierto apartado de todo. Por suerte, varias familias habían emigrado al valle y además los Ware contaban con la ayuda de un joven vaquero, Kincheloe, que había sido guardabosques.

Las hermanas de Sarah fueron resolviendo el problema de su orfandad casándose. La vida de un asentamiento fronterizo decretaba que para cada mujer debía haber un hombre que le ofreciera protección. A ellas, por su parte, no les faltaba trabajo. Siempre había bebés que cuidar, ropa que lavar y zurcir, alimentos que cocinar, agua que extraer del pozo, leña que cortar, ganado que ordeñar, carne que encurtir, secar y conservar...

En el verano de 1853, Sarah, con 15 años cumplidos, contrajo matrimonio con Kincheloe. La celebración duró todo el día y toda la noche. Muy pronto iba a conocer la sensación de estar sentada sola durante días enteros en una cabaña intentando discernir si los sonidos de la lechuza o los aullidos del coyote eran reales o producidos por los indios antes de un ataque. La vida transcurría en una tierra escasamente poblada, sin médicos, sin suministros ni servicios de ningún tipo. Cada noche, Sarah agradecía seguir viva.

Un día de octubre de 1866, tal vez llevada por un mal presagio, Sarah decidió llevar a sus hijos al fuerte del valle mientras su marido y los hombres de la comunidad seguían a un grupo de nativos que llevaban tiempo merodeando por la zona. Una de las mujeres y sus dos hijas fueron a casa de Sarah a pasar la noche con ella.

Los perros ladraron desde la puesta del sol y Sarah permaneció alerta, con una mano aferrada a un rifle pues, como mujer de la frontera, sabía disparar. Al amanecer, pudo oír cómo alguien entraba sigilosamente por la puerta trasera. Pensando que tal vez era el pastor mexicano empleado por su marido, le ordenó que se fuera o dispararía a matar. El intruso salió corriendo, seguido tan de cerca por los perros que tuvo que refugiarse en lo alto del ahumadero.

«¡Son salvajes, lo sé, y nos matarán!» —gritaba su vecina presa del pánico y aferrada a sus dos hijas—.

A través de una de las ventanas pudieron ver cómo dos indios se alejaban a todo galope llevándose el mejor caballo del marido de Sarah, mientras apuntaban con su rifle a las mujeres. Al advertir la ausencia de hombres que pudieran defender la propiedad, frenaron sus monturas y decidieron regresar a la casa. Sarah y su vecina comprendieron lo peligroso de la situación. ¿Acabarían con sus vidas y las de sus hijos?, ¿las tomarían como rehenes?, ¿incendiarían la casa con ellas dentro? No tenían modo de ocultarse ni apenas de defenderse. Sarah, tomó de nuevo el rifle y se encomendó al cielo. Las niñas lloraban a medida que se acortaba la distancia entre ellas y los salvajes que parecían no tener prisa.

En pocos minutos ya estaban allí. Al llegar, abrieron de una patada la puerta del cobertizo que había junto al corral y entraron confiadamente. Sarah aprovechó ese breve intervalo de tiempo para bloquear con algunos muebles la puerta principal. Su vecina permanecía paralizada por el miedo, pero sus dos hijas idearon un plan. Vistiendo ropas de hombre, comenzaron a maldecir con voces roncas.

Divisaron a uno de los indios frente a la cabaña. Había vuelto a montar en su caballo y merodeaba por el cercado sin apartar la vista de la casa. La sola visión de aquel salvaje helaba la sangre. Sus ojos desbocados parecían anticipar el infeliz destino de las mujeres y las niñas. Comprendiendo lo inevitable de la situación, Sarah decidió disparar a matar. Tomó el rifle y apuntó hacia el intruso que le mantuvo la mirada. Transcurridos unos segundos que parecieron minutos, apretó el gatillo, pero la mala suerte quiso que el arma se encasquillara. El hombre lanzó entonces un grito espantoso mirándola con fiereza: «¡No, buena!». Entonces, él y su compañero avanzaron con paso firme hacia ella.

La vivienda tenía una puerta trasera parcialmente clavada y entablada, pero dejaba una pequeña abertura. Una flecha atravesó el costado de Sarah a través de la hendidura. Otra le atravesó el brazo quedando clavada en la pared. Ella intentaba desencasquillar el rifle mientras las flechas volaban por el aire. Una tercera le alcanzó en un hombro, otra en el pecho, otra en un brazo…, así hasta once flechas que impactaron en su cuerpo. Sarah sintió como la sangre fluía y le abandonaban las fuerzas. Instantes antes de caer inconsciente en el suelo le dio el rifle a su vecina.

Cuando los indios la vieron caer, echaron abajo la puerta. La vecina, sujetando el arma, los apuntaba con gritos de terror. Ambos levantaron sus arcos y simultáneamente, dos flechas atravesaron mortalmente el corazón de la mujer.

Temerosos del regreso de los hombres, los atacantes no se demoraron ni intentaron matar a las niñas. Saquearon la casa lo más rápido que pudieron y se dieron a la fuga.

Los vecinos más cercanos vivían a varios kilómetros de distancia en el río Sabinal. Pero una de las hijas supervivientes corrió a su encuentro todo lo rápido que le permitieron sus piernas. Al llegar narró lo ocurrido. Sus ropas empapadas con la sangre de su madre, hablaban por sí solas. Tras conocer la noticia, uno de los hombres partió en busca del hermano de Sarah.

El cañón, escasamente poblado, se convirtió en un caos. Los hombres se apresuraron a informar a Bob Kincheloe así como a Bowlin de la tragedia. Se organizó una batida para seguir el rastro de los indios pero nunca dieron con ellos.

Sarah salió viva del ataque aunque con el cuerpo cosido de cicatrices por las numerosas flechas recibidas. Durante los siguientes años, siguió viviendo los días del terror en el condado de Uvalde. Aún tuvo que descubrir el cuerpo de uno de sus vecinos al que le faltaba el cuero cabelludo, así como a otro conocido asesinado en el mismo lugar donde hoy se halla la estación de tren de Sabinal.

Siempre que su esposo salía en busca de los indios en compañía de otros hombres, temió otro ataque o que él no regresara.

Después de aquello, Sarah Ware tuvo varios hijos a los que procuró vigilar de cerca y siguió llevando la vida de una esposa y madre fronteriza, condenada a pasar largas temporadas sola en mitad de la nada. Su marido murió en 1894, pero ella vivió para mantener a su familia y sacar adelante un modesto hotel en Utopía hasta que una neumonía, y no una flecha india, le segó la vida el 31 diciembre de 1917.

Ese día de cada año, las campanas en las cúpulas de madera de las iglesias de Utopía, repican para dar la bienvenida al nuevo año y también rendir un tributo a la vecina que sobrevivió milagrosamente. En la ciudad aún se conservan los muros de piedra en ruinas del que fue su hogar.

Durante meses, siguieron el rastro de Jenny Wiley tras ser capturada por los indios. Finalmente ella sola logró escapar de sus captores.

HANNAH DUSTON
Autor: Junius Brutus Stearns

Mujer capturada por los indios en la masacre de Wyoming.
Autor: Karl Ferdinan Wilmar.

MARY JEMISON
Autor: Eanger Irving Cous

FANNY KELLY
Capturada por los indios.
Autor: Karl Ferdinan Wilmar.

JENNY WILEY
Jenny Willey vivió 11 meses de cautiverio
con los indios, hasta que logró escapar.
Autor: John Mix Stanley.

OLIVE OATMAN
Fue hecha prisionera en el desierto de Mojave por unos apaches en 1850. En la imagen, con el tatuaje que le hicieron los indios.

THE MASSACRE.

ATAQUE APACHE A LA FAMILIA OATMAN
Ilustración anónima 1851.

MARY KINNAN
En 1791, tres Shawnees armados irrumpieron en la casa de Mary Kinnan y mataron a su marido. Ella cogió a su hija y salió al escape corriendo "con la rapidez del viento".

SARAH WARE.
Recibió once flechas en el ataque de unos indios a su casa. Milagrosamente sobrevivió.
Autor: Ed Vebell.

Fanny Kelly y Sarah Larimer fueron secuestradas por los Sioux cuando viajaban en caravana. Autor: William De La Montagne

JEMINA
BOONE,
instantes
antes de ser
secuestrada.

CUANDO LOS NEGOCIOS TIENEN NOMBRE DE MUJER

————•••◆•••————

*Siempre me digo que puede que sea la
primera en hacer muchas cosas, pero me
aseguraré de no ser la última.*

Kamala Harris

NELLIE CASHMAN

El ángel de los mineros
1850 - 1925

S u figura tiene el sabor de la frontera e invoca el recuerdo de aquella época marcada por el alcohol de contrabando y la ley del revólver. Sus aventuras la llevaron a lugares como California, Nevada, Arizona, Wyoming, Montana, Nuevo México, Canadá y la Columbia Británica. Para cualquier buscador de oro, granjero o trampero del Oeste americano, el nombre de Nellie Cashman vino siempre asociado a conceptos como valor y filantropía.

Cuando Nellie Cashman vino al mundo en Queenstown, County Cork, Irlanda, en 1850, los carromatos tirados por bueyes y por famélicos caballos ya recorrían las vastas extensiones de los Estados Unidos rumbo al Oeste. Cincuenta años antes, para ser exactos en 1803, el presidente Jefferson había comprado Luisiana a Francia, lo que abrió el telón a la célebre hégira de pioneros hacia el Pacífico. A ello se sumó la adquisición de los estados del suroeste tras la guerra contra México en 1848.

Para animar la colonización, el gobierno estadounidense ofreció a coste cero, grandes extensiones de terreno a las familias que decidieran ocupar aquellas tierras vírgenes. La película «Cimarrón», protagonizada por Glenn Ford y Anne Baxter, ilustra como pocos largometrajes esta corriente imparable de colonos tan intrépidos como desesperados.

Corría la década de 1860 cuando Nellie Cashman emigró a los EE.UU. con 10 años de edad. Lo hizo en compañía de su madre y su hermana. Al poco de llegar se estableció en una de las principales ciudades de recalada, Boston, un lugar que atraía a quienes quisieran trabajar, ya fuera en la construcción, proyectos de ingeniería o el comercio. Allí se vio rodeada de alemanes, franco-canadienses y judíos procedentes de Rusia y Polonia, que al igual que los irlandeses buscaban trabajo. Cada grupo se asentaba en distintos barrios de la ciudad. Había normas no escritas para no saltarse las invisibles barreras que delimitaban la vida en cada uno de ellos.

El crimen y la pobreza dominaban algunos distritos, gobernados por las bandas organizadas. La mayoría estaban azotados por la densidad de la población, el desempleo, y la mortalidad infantil. Los irlandeses habían tomado el sur de Boston. Entre 1820 y 1860, casi dos millones de inmigrantes procedentes de Irlanda habían llegado huyendo de una gran hambruna que asoló el país.

Nellie logró abrirse camino trabajando como cocinera en pequeños hoteles. Acababa de aprender las bases de la profesión que años después harían de ella toda una empresaria.

Fue por uno de esos caprichos del destino que acabó viajando a «la Gran Frontera». Ocurrió mientras trabajaba en un hotel donde conoció al general Grant quien la animó a conocer aquella parte del país. En 1869 y con 19 años cumplidos, Nellie, siguió el consejo y empleó sus ahorros para viajar con su hermana Fannie a San Francisco. Mientras que esta decidió establecerse allí, Nellie, que había escuchado historias de gentes que se hacían ricas de la noche a la mañana en la vecina Nevada, decidió trasladarse a aquellas prometedoras montañas.

Pocos años antes se había descubierto el llamado Comstock, un inmenso filón de plata y oro que venía atrayendo a miles de buscadores de fortuna. En una década, la población de Nevada aumentó de unos siete mil habitantes en 1860 a más de cuarenta mil en 1870.

Cuando Nellie llegó, las infraestructuras en los campamentos mineros dejaban mucho que desear. Las calles eran barrizales, la suciedad campaba a sus anchas y apenas había lugares donde comer o donde pasar la noche.

En 1872, después de trabajar como cocinera en varios de estos asentamientos, Nellie se decidió a abrir el Miner's Boarding House, un pequeño albergue en Panaca[24] que ofrecía cama y comida. Ni que decir tiene que la gente agradecía un plato caliente y un lugar limpio y seco donde asearse y descansar. El local prosperó enseguida.

Tiempo después se unió a un grupo de doscientos mineros que se dirigían al norte de la Columbia Británica, un lugar solo habitado por águilas, ciervos y osos, pero lleno de oportunidades. Nellie nunca había visto nada como aquello. Praderas ondulantes, bosques de pinos, desfiladeros, cataratas, ríos alimentados por glaciares... Quedó prendada por aquel refugio natural que no había sido alterado por la mano del hombre... Al poco de llegar al asentamiento, abrió una pensión para mineros que no tardó en hacerse célebre.

Las condiciones de vida eran duras. Los inviernos infernales. Las tormentas y ventiscas habituales. En una ocasión, Nellie organizó una caravana de rescate para los trabajadores de una mina azotada por una epidemia de escorbuto. Acompañada por

---

24. Panaca fue el primer asentamiento permanente de americanos europeos en el sur de Nevada. Fue fundada como colonia mormona en 1864.

seis hombres, avanzó setenta y siete días hundida en la nieve y dirigiendo el transporte de un gran cargamento de provisiones. Logró llegar a tiempo de auxiliar a cien hombres gravemente enfermos.

Nellie decidió cambiar nuevamente de aires. Esta vez, su objetivo fueron las minas de plata de Arizona. En aquella época la zona pertenecía al territorio de Nuevo México (hasta que en 1912 Arizona pasó a ser el estado número 47). Tucson era la principal ciudad y por decirlo de algún modo, su centro comercial, mientras que Phoenix era la sede del gobierno.

En Tucson abrió el Restaurante Delmónico, el primer negocio establecido por una mujer. Se afanó en alimentar a los mineros más desfavorecidos. Allí permaneció por espacio de un año tras el cual vendió el restaurante respondiendo a la llamada de los nuevos yacimientos de plata del valle de San Pedro, California.

Esta vez, eligió un lugar emplazado en torno a un campo minero, rodeado de peligros, entre otros, la amenaza de los osos, las serpientes cascabel y los temidos apaches. Se decía que quien fuera allí todo cuanto encontraría sería su lápida sepulcral (tombstone).

Pese a ello, un puñado de familias habían decidido probar suerte allí. La fortuna les sonrió con una gran veta de plata a la que bautizaron Tombstone. (La ciudad pasaría a formar parte de la leyenda del Oeste por ser escenario de un célebre encuentro entre forajidos y funcionarios de la ley en octubre de 1881).[25]

---

25. En el combate de O.K. Corral, que apenas duró 30 segundos, Wyatt Earp y sus hermanos lograron doblegar a cinco bandidos miembros de tres familias: los Clanton, los Claiborne y los McLaury. El episodio fue tan célebre que inspiró a Hollywood. Entre las cintas más famosas se encuentra la protagonizada por Burt Lancaster y Kirk Douglas bajo el título «Duelo de titanes» y dirigida por John Sturges.

Allí puso en marcha una tienda de calzado que dirigió durante un tiempo (The Nevada Boot & Shoe) y que también despachaba ropa, muebles, puros y tabaco. Más tarde abrió con una amiga un comercio de comestibles y provisiones. El negocio tuvo éxito y Cashman compró la parte de su amiga.

Con el dinero obtenido y algunos ahorros, hizo aquello que mejor se le daba: abrir un nuevo restaurante al que puso por nombre The Russ House donde servía comidas por 50 centavos. Un cartel colgado en la puerta rezaba: «Aquí no hay cucarachas y la harina está limpia».

Durante sus años en Tombstone, Nellie se convirtió en una prominente ciudadana por su dedicación a causas filantrópicas. Impulsó la construcción de una iglesia, una escuela y un hospital. Recaudó fondos para el Ejército de Salvación y la Cruz Roja e impulsó obras de teatro de aficionados. Pero por encima de todo, se consagró a seguir ayudando a los mineros heridos o más desposeídos, a los que destinó una fundación de caridad. Cuando una epidemia arrasó Tombstone, ella y una prostituta local, cuidaron a los enfermos.

Fannie murió de tuberculosis, dejando a su hermana Nellie a cargo de sus cinco hijos. Esta decidió vender el restaurante Russ House y pasó los años siguientes consagrada a sus sobrinos, que la acompañaron a los campamentos mineros de Wyoming, Montana, Nuevo México y Arizona. Se dice que los cinco se convirtieron en ciudadanos exitosos bajo su cuidado.

En 1898, Nellie se unió a la fiebre del oro en Yukón, un vasto territorio situado en el extremo noroeste de Canadá, alfombrado de glaciares, ríos caudalosos, bosques vírgenes y lagos alpinos. Las incursiones de algunos europeos habían dado comienzo a principios de siglo. Los exploradores y comerciantes de la Compañía de la Bahía de Hudson, habían ido creando puestos por toda la ruta.

En 1865, se organizó la expedición del Telégrafo de la Western Union con el fin de ver la forma de establecer una línea entre Norteamérica y Rusia a través del mar de Bering. Sin embargo, y pese a los rumores sobre la presunta presencia de oro, apenas se habían llevado expediciones mineras a la zona.

A partir de 1867, tras la compra de Alaska por parte de los Estados Unidos, los comerciantes de la Compañía de Alaska empezaron a trabajar en el curso del río Yukón. Durante los siguientes años se encontró oro, aunque raramente en cantidades suficientes como para que supusiera un buen negocio. Pese a ello, se siguieron creando puestos comerciales y mineros por toda la región y paralelamente, el ejército estadounidense reconoció más en profundidad el río hasta su estuario en el mar de Bering. Los canadienses a su vez intervinieron con su propio grupo de expedicionarios para fijar con precisión la frontera natural con Alaska y Canadá.

Las cosas se fueron complicando hasta que en 1894, preocupado por la afluencia de mineros y el tráfico de alcohol, el gobierno canadiense envió a la policía montada del Canadá. Como resultado, en 1896 se confirmó que se acercaba una corriente humana y Canadá reclamó, de forma urgente, la presencia de una fuerza policial para controlar la zona. Un año después, una avalancha de buscavidas alteró para siempre aquel edén natural.

Las noticias alcanzaron a diferentes partes de los Estados Unidos, coincidiendo con un periodo de fuerte recesión financiera y quiebras bancarias, y también llegaron a Europa y Australia de donde salieron muchos viajeros decididos a probar suerte en las reservas auríferas próximas a Canadá. Llegaron a San Francisco y Seattle estableciéndose como una estampida en los asentamientos del valle. Una gran parte eran profesores y doctores que renunciaron a sus carreras. Entre treinta mil y cuarenta mil personas alcanzaron el yacimiento entre 1897 y 1898. En este último año la población del valle llegó a los cuarenta mil habitantes, lo que amenazó con causar una hambruna. Ante aquel frenesí migratorio el gobierno canadiense decidió crear un territorio separado para controlar la situación.

En este ambiente aterrizó Nellie Cashman. Como mujer soltera no pudo obtener nuevas licencias mineras a su nombre, pero logró comprar algunas que estaban en funcionamiento. Al poco de llegar abrió un restaurante para financiar sus prospecciones.

En 1904, se instaló en Fairbanks (hoy la ciudad más grande en la región interior de Alaska pero entonces apenas un puesto comercial). Allí puso en marcha una exitosa tienda de comestibles y suministros para mineros y recaudó fondos para levantar un hospital. Se dice que a veces esperaba en las mesas del *saloon* local hasta que las apuestas del juego subían. Entonces barría el dinero de la mesa diciendo a los jugadores que si tenían para apostar, tenían también para contribuir al hospital.

Un año después de llegar, estableció su hogar en la vecina Koyukuk, donde compró un vasto terreno aunque no vivió allí de forma permanente. Durante los inviernos, viajaba para visitar a familiares y amigos y trabajaba en Dawson, Fairbanks, Seattle, California y Arizona. Luego regresaba a casa.

Con setenta y tantos años seguía recaudando fondos para los mineros desplazándose en un carruaje tirado por perros.

En 1925 murió de neumonía en la ciudad de Seattle, en el mismo hospital que había ayudado a construir cincuenta y un años antes.

La noticia de su muerte se difundió por todo el país.

Su legado sigue vivo en la literatura inspirada en su vida, así como en los monumentos y homenajes dedicados a ella.

SADIE ORCHARD

Brillando en Nuevo México

1860-1943

*Soy un producto del Viejo Oeste y en aquellos días
no teníamos muchas oportunidades de practicar los
refinamientos y sutilezas de la alta sociedad.*

A través de sus propiedades inmobiliarias, hoteles y empresas comerciales, Sadie Orchard fue una figura clave en el crecimiento económico de Kingston y Hillsboro (Nuevo México) durante el auge de las minas de fines del siglo XIX.

Los detalles de su vida son una mezcla de realidad y fantasía. Sarah *Sadie* Jane Creech nació en 1860 en algún lugar del condado de Mills, Iowa, y en la década de 1880 se trasladó con su familia a lo que entonces era un asentamiento conocido como Kingston. Como muchas de las historias de emprendedores y triunfadores, su infancia estuvo marcada por la orfandad y la pobreza. Perdió a su madre a los 14 años, y ella y sus siete hermanos quedaron al cuidado de un padre que apenas podía mantenerlos.

Poco se podía hacer en aquellas montañas donde la única actividad provenía de las minas que horadaban la vecina sierra de Black Range. Allí, y en varios kilómetros a la redonda, el único trabajo para las jóvenes que llegaban a un mundo de hombres era el oficio más antiguo del mundo.

No tuvo, pues, que pensárselo demasiado. Y lo cierto es que no debió dársele mal. Un año después de empezar a trabajar, había ahorrado el suficiente dinero para abrir su propio burdel en la zona. Aquella fue una época de crecimiento económico para la región y Kingston era un pueblo minero de unos 5000 habitantes nacido del auge de la plata. Fueron surgiendo comercios y salones de la noche al día. Muchos hicieron fortunas y, en algunos casos, las perdieron en un abrir y cerrar de ojos.

Las vidas de aquellos hombres se daban cita por las noches en el pequeño local de Sadie, donde ella, con su menuda figura, sus andares elegantes, su cabello castaño y sus ojos azules, se movía como pez en el agua entre las mesas de juego, las camisas sudorosas y las botellas de whisky. Avanzaba en aquel bosque de desarrapados con la sonrisa deslumbrante, saludando aquí y allá a mineros y soldados, atendiendo a los jugadores, siempre con una palabra amable. Hermosa y sensual, y a un tiempo atrevida y transgresora, causaba expectación.

Sin ser consciente de ello, se convirtió en la reina de la vida nocturna y su confianza y descaro crecieron al mismo ritmo que aumentaban sus ganancias. Se dice que en una ocasión caminó desnuda por la calle principal de Hillsboro para ganar una apuesta. Otras habladurías la atribuyeron haber intentado asesinar a un hombre con un cartucho de dinamita.

Cuando el mercado de la plata colapsó en 1893, el impacto se extendió por las comunidades mineras de Nuevo México. Los trabajadores y las empresas se vieron obligados a reubicarse. En ese turbulento clima hubo quien abandonó aquellos valles para buscar ocupación en otros estados más prósperos. Sadie en cambio se sintió anclada a aquellas tierras y se mudó a la vecina población de Hillsboro, donde la economía estaba basada en el oro en lugar de la plata, y la ganadería daba estabilidad económica a la comunidad.

Apenas cuatro casas y algún destartalado comercio componían aquella comunidad situada en el condado de Sierra (Sierra County), alejada de todo y rodeada de poblados bosques y montañas. Pero ella era demasiado inquieta para conformarse con aquel entorno poco prometedor. Abrió otro local que aportó luz y animación a las oscuras noches de la ciudad y ni tan siquiera el polvo de las cercanas minas logró eclipsar su brillo. Poseía esa épica necesaria para triunfar en cualquier lugar.

En 1893, cuando la viruela azotó la ciudad y muchos niños murieron, Sadie colgó el letrero de «cerrado» en su burdel y reunió a sus chicas para cuidar de las familias afectadas. Atendieron a sus pacientes tanto física como económicamente, incluso donando la seda de sus vestidos para forrar los ataúdes de las víctimas más jóvenes. Aquel año Sadie también conoció a su esposo, un empresario llamado Jack Orchard. Un año y medio después se casaban.

Ambos unieron su espíritu emprendedor para fundar una compañía de diligencias: La Mountain Pride Stagecoach Line. Sadie fue, además, una de sus conductoras. Se convertía así en la primera conductora de diligencias en Nuevo México. Sadie conducía cuatro y seis caballos todos los días hasta las poblaciones circundantes a través de pistas de tierra y desfiladeros. La compañía transportó pasajeros, correo y otras mercancías entre Lake Valley, Kingston y Hillsboro durante catorce años.

La vida licenciosa, los vestidos brillantes y el sonido del piano, seguían llamándola como sirenas y en 1896 Sadie abrió otro burdel, así como una pensión: el Ocean Grove Hotel, un restaurante y unos establos. Dado que Hillsboro era la sede del condado, el hotel recibía a los políticos y abogados en la ciudad para juicios y negocios. El restaurante del hotel que contaba con la destreza culinaria de Tom Ying, un chef chino llegado desde San Francisco, fue el mejor de la región. Tom Ying se convirtió en uno de los mejores amigos de Sadie, aunque decidió expandirse por su cuenta con el Chinaman's Place Restaurant. Hoy en día, el museo Black Range se encuentra ubicado entre los restos del hotel, con una colección de objetos personales de Sadie y Tom Ying.

La suerte de Sadie pareció tocar fondo. Su matrimonio con Jack se vio empañado por la debilidad de este por las mujeres y el *whisky*, a lo que sumaron algunas decisiones comerciales desastrosas. En 1901, cuando Orchard perdió el contrato de correo para la línea de diligencias, ella solicitó el divorcio y lo escoltó fuera de la casa con una escopeta. Fue una ruptura complicada. Fue acusada de dispararle con una pistola, aunque Jack retiró los cargos y abandonó Hillsboro. Sadie permaneció allí administrando los negocios y abriendo un nuevo hotel: el Hotel Orchard.

Aunque mantuvo la línea de diligencias durante varios años, los días de gloria de las ciudades mineras de Nuevo México dejaron atrás su punto álgido y el Oeste fue cambiando rápidamente. Las animadas ciudades surgidas al amparo de las minas de Black Range se fueron apagando hasta quedar convertidas en poblaciones fantasmas. Los caminos por los que Sadie tanto había espoleado a los caballos fueron reemplazados por vías de ferrocarril y modernas carreteras que eliminaron los largos trayectos en diligencia.

Después de que la línea de diligencias cerrara, Sadie dependió del hotel y el restaurante para mantenerse a flote, pero los ingresos se resentían cada año. Poco a poco se eclipsaba una estrella que había iluminado el firmamento de aquella región.

Incluso en los peores momentos de su declive, Sadie reaccionó con elegancia y de la mejor manera que sabía: trabajando. Durante la Primera Guerra Mundial volvió a defender a los menos afortunados de su comunidad. Pasó la mayor parte de 1918 luchando contra los estragos de la gripe española, cuidando a familias, y una vez más, sacó seda de sus vestidos para forrar los ataúdes de madera.

Sadie Orchard murió en abril de 1943. La fortuna que había amasado había desaparecido. Después de venderse sus propiedades y pertenencias y liquidar sus deudas, el patrimonio quedó reducido a 45 dólares.

Fue enterrada en Hot Springs. Allí siguen los restos de la que fue la mujer más audaz y sorprendente de Nuevo México. Una empresaria y miembro querido en su comunidad.

BIG NOSE KATE

Corista, prostituta y empresaria
1850-1940

E n 1865, en el condado de Ford, en pleno corazón de Kansas, se establecía el fuerte Dodge al mando del general Grenville M. Dodge, para la protección de los pioneros que se aventuraban hasta allí haciendo frente a los ataques de los indios. La fortificación se hallaba próxima al célebre camino de Santa Fe, por lo que atravesaban aquel área montañosa numerosas caravanas de carretas.

El camino de Santa Fe (Santa Fe Trail) discurría por el centro de América del Norte, conectando las ciudades de Independence (hoy en Misuri) y Santa Fe (hoy en Nuevo México) a lo largo de unos 1400 kilómetros de territorio accidentado. La ruta fue abierta en 1821 por el comerciante William Becknell y se usó hasta la llegada del ferrocarril a Santa Fe, en 1880.

Otra alternativa más corta, pero más peligrosa, atravesaba un terreno desolado hacia el río Cimarrón. A pesar de ello, muchos recorrían esta ruta para ahorrar tiempo.

En 1871, seis años más tarde de la construcción del fuerte Dodge, un pionero llamado Henry L. Sitler erigió cerca de allí una casa de adobe de tres habitaciones. Ideada para supervisar su rancho ganadero, la casa de Sitler se convirtió en un lugar de parada frecuente para cazadores de búfalos y comerciantes. Un año después, un grupo de negociantes constituían la Dodge

City Town Company, para trazar y construir una población en la zona. Se pensó en llamarla Buffalo, pero al saber de la existencia de otra ciudad con ese nombre, se optó por Dodge City por el cercano fuerte. Dodge City se fundó en el límite de la reserva militar, con la casa de Sitler como primer edificio. Rápidamente se convirtió en un centro comercial para viajeros. Dodge City debe parte de su nombre al fuerte Dodge.

Con la línea ferroviaria llegando hasta allí, se disparó el crecimiento de la ciudad con viviendas, salones, comercios, una casa de comidas, una barbería y como no, una herrería. Los pioneros, los soldados, los trabajadores ferroviarios y los pistoleros no tardaron en aterrizar; sin ninguna autoridad en la ciudad, la impunidad y los tiroteos se convirtieron en moneda común.

Tristemente se fomentó la cacería del búfalo para dañar a los nativos y Dodge City hizo de esta caza su actividad principal. La estampa de los esqueletos de los animales y el olor a putrefacción se convirtieron en una estampa habitual por toda aquella región. El comercio de la piel y los huesos (estos últimos usados como fertilizantes) hizo que muchos ganaran fortunas. Se calcula que entre 1872 y 1874 fueron aniquilados cuatro millones de ejemplares. Al final de la década, los animales muertos llegaban a treinta millones, quedando menos de mil con vida. El rey de las grandes praderas estaba en vías de extinción.

La ganadería pasó a ser otra importante actividad económica. Millones de cabezas de ganado llegaron durante los siguientes años ofreciendo esa imagen que todos hemos visto en el cine, con reses levantando nubes de polvo y vaqueros avezados conduciéndolas hasta improvisados corrales.

Una de las figuras más notables de la ciudad fue Wyatt Earp, contratado como Chief Deputy Marshall para poner orden en las calles. Las mujeres y los niños apenas se dejaban ver y los trabajadores honrados rezaban para no verse en medio de un tiroteo. Ayudado por un grupo de asistentes, Earp se vio obligado a contener los desmanes de los más pendencieros. Organizó un comité de ciudadanos y estableció dos zonas en la ciudad. En una de ellas (la del norte) estaba prohibido portar armas por ser lugar de comercios. En cambio en la zona del sur, siguieron funcionando los burdeles y salones entre el olor de la pólvora y el sonido de los disparos. El término «distrito de luz roja» (*red light district*) se inició en Dodge City debido a que trabajadores del ferrocarril visitaban los prostíbulos con lámparas que irradiaban luz de ese color.

Pero las medidas de Earp no evitaron que la ciudad se hiciera célebre por su delincuencia. «Dodge es la Deadwood de Kansas. Sus límites son el lugar de encuentro de todos los bribones desempleados en siete estados. El negocio principal es la poligamia sin sanción alguna, su código de moral es equivalente al honor de los ladrones, y la decencia no se conoce», publicaba el diario Hays City Sentinel por aquella época.

Los salones bullían de vida, las apuestas en los juegos de cartas y los contoneos de las prostitutas eran imágenes habituales. Los dos locales más conocidos fueron el Long Branch Saloon y el burdel de Bessie Earp, esposa del hermano de Wyatt Earp, James.

Pues bien, en 1874, una de las trabajadoras de este último local, era Mary Katharine Horony-Cummings (más conocida como Kate). A sus 24 años, esta joven de origen húngaro ya había conocido la dureza de la vida. Habiendo emigrado desde Europa hasta Nueva York, había quedado huérfana siendo niña. Kate había llegado a San Luis, Misuri, tras escapar de la tutela de un familiar lejano. Desde allí viajó por varias ciudades a bordo de maltrechas carretas y alimentándose de mala manera. Fue abriéndose camino de la forma más dura, trabajando como prostituta. Kate poseía un buen cuerpo y facciones atractivas, pero su pronunciada nariz le había merecido el apodo de Mary *Big Nose* (Mary la narizota).

En Dodge City halló una ciudad a su medida. Nadie hacía ascos a nada, los tipos más desarrapados y las coristas más vulgares se daban cita allí. Kate pasó en aquel local el suficiente tiempo como para aprender el negocio y prometerse que algún día tendría su propio burdel.

Pasaron los años y Dodge City inició una lenta y progresiva decadencia a causa de la llegada del ferrocarril y el decaimiento del camino de Santa Fe. El propio Wyatt Earp abandonaría la ciudad en 1879 para instalarse en Tombstone, Arizona.

Kate vio llegado el momento de poner tierra de por medio y se dirigió a Fort Griffin, Texas. El pueblo había surgido doce años antes como un puesto militar en una colina próxima al río Brazos. En poco tiempo se transformó en un fortín bien equipado que atrajo a comerciantes y trabajadores de diferentes oficios. Las luchas contra los indios (kiowas y comanches) fueron habituales hasta que en 1874 los militares lograron desplazarlos y recluirlos en reservas.

Fort Griffin acabó siendo un refugio de *cowboys*, fugitivos y jugadores de cartas. El caos imperante provocó que fuera conocido como «La Babilonia del Brazos[26]». Los militares acabaron tomando control del desorden y algunos vecinos decidieron crear una población próxima a la que bautizaron como Albany. Con el tiempo fueron surgiendo restaurantes, salones comercios e incluso un periódico.

---

26. Por el río Brazos, llamado el Río de los Brazos de Dios por los primeros exploradores españoles.

Kate lo consideró un buen lugar donde empezar de nuevo y al poco de llegar ya estaba empleada en el *saloon* de John Shanssey, un aventurero y empresario del oeste amigo de Wyatt Earp. Allí conoció a un personaje emblemático del momento: John Henry *Doc* Holliday, a quien por lo general se le recuerda por su amistad con Wyatt Earp y su participación en el tiroteo en el O.K. Corral.

Jugador, pistolero y dentista de profesión, Doc Holliday era un hombre apuesto, con un profuso bigote, el cabello rubio, 1,80 m de altura y cuerpo atlético. Un retrato suyo de cuando tenía 20 años da fe de ello. Además, llamaba la atención su vasta educación. Había estudiado retórica, gramática, matemáticas, historia e idiomas, entre ellos latín, francés y algo de griego antiguo. Además se había licenciado en odontología en la facultad de Medicina de Pensilvania. Pero Doc Holliday era también un ser temperamental con quien Kate mantuvo una relación tormentosa con continuas separaciones y reconciliaciones.

Para entonces, ella ya se las sabía todas en el negocio de los salones. Aquellas poblaciones en vías de desarrollo eran terreno abonado para los locales que ofrecían diversión y evasión por unos cuantos dólares. Se hizo la promesa de poner en marcha su propio negocio.

Kate siguió a Doc Holliday hasta Tombstone, donde por fin se decidió por probar suerte como empresaria. Tras elegir varias chicas, compró algunos barriles de *whisky* y abrió la primera casa de citas en la ciudad. El negocio fue todo un éxito. En poco tiempo prosperó con su local.

Una noche en que Kate regresaba borracha a casa, Doc Holliday pensó que ya había tenido bastante y la echó con todas sus cosas. Despechada, Mary le acusó de haber participado en el robo de una diligencia. Él pudo librarse gracias a varios amigos que apoyaron su coartada de inocencia. Ella en cambio se vio obligada a tomar una diligencia y dejar la ciudad. Nunca volverían a verse.

Kate se instaló en Aspen, Colorado, donde en 1890 se casó con George Cummings, un herrero irlandés. Trabajó como cocinera en campamentos mineros y, cuando él se volvió un alcohólico maltratador, abandonó a Cummings en 1900 tras años de abusos.

Con el sabor aún latente de sus anteriores años, *Big Nose* Kate, regentó un par de hoteles en Colorado y Arizona y trabajó en algunos ranchos.

No volvió a saberse nada más de ella, excepto que murió en Prescott, Arizona, cinco días antes de cumplir 90 años. La mujer que tanto había brillado en aquellos territorios, se eclipsó como un cometa sin dejar ningún rastro.

Hoy, casi cien años después de su muerte, un millar de rincones del lejano Oeste se siguen disputando el recuerdo de *Big Nose* Kate. El camino de Santa Fe, los burdeles de Dodge City, los salones de Fort Griffin y de Tombstone, los campamentos mineros de Colorado y Arizona, guardan su porción de simpatía por ella. Tanto es así, que prácticamente resulta imposible dar en el mapa del salvaje Oeste con una zona libre del eco de sus pasos.

ELEANOR DUMONT

Su propia casa de juego en Nevada

1829-1879

E l apodo le hacía un flaco favor: Madame Moustache, pero quien acababa conociéndola no podía evitar caer bajo el embrujo de su personalidad.

A esta jugadora profesional no había partida de blackjack que se le resistiera y, durante más de tres décadas hizo famoso su nombre en los campos mineros del Oeste. Fue otra de las muchas personas atrapadas en la telaraña que supuso la fiebre del oro. Su acento francés (había nacido en Nueva Orleans) y el sugerente nombre de Simon Jules, hacían de esta pequeña y bonita mujer de origen francés una atractiva rareza. En 1849, con poco más de 20 años, llegó a San Francisco donde pronto se estableció como jugadora en las mesas del «Vingt-et-un» (el Veintiuno), precursor del blackjack americano.

Poseía unos modales serenos y una calma envidiable en la mesa de juego. Hubo rumores de conducta sospechosa en el juego y en una ocasión, cuando se pensó que había trucado cartas, logró que la dejaran ir, pero para entonces ya había levantado una considerable suma de dinero.

Corría la década de 1850 cuando Simon Jules hizo aparición en el condado de Nevada, California. Nevada City ya era un hervidero de buscadores de fortuna que habían depositado sus esperanzas en los yacimientos de oro y plata. El ambiente, como podemos imaginar, no era especialmente distinguido. Los picos y las palas, el polvo en las calles, los zapatos embarrados y los rostros sucios de quienes trabajaban en las minas, era lo habitual. No es de extrañar que, cuando Simon Jules bajó del coche con su elegante vestido, su piel nacarada, el sombrero siguiendo la moda parisina velando parte de su rostro y las manos enguantadas, se creó un gran revuelo entre los rudos residentes del campamento minero. Dos jóvenes rápidamente se ofrecieron para llevar sus maletas al hotel Fepp, donde se registró como Eleanor Dumont.

Durante los siguientes días, deambuló por Broad Street, la calle principal, mirando los escaparates de los comercios, los bares y casas de comidas. Pronto, tuvo a todo el pueblo preguntándose por qué aquella joven que parecía sacada de un cuento, aparentaba no tener nada mejor que hacer que caminar por el pueblo con sus mejores galas. Sin embargo, pronto se desveló el misterio después de que Eleanor entregara un pedido de impresión al editor del Nevada Journal para un folleto que anunciaba la apertura de «La mejor casa de juegos de azar del norte de California».

Los vecinos pronto recibieron invitaciones a la gran inauguración del «Vingt-et-un» en Broad Street para disfrutar de una partida con Madame Dumont y disfrutar del champán gratis. El garito, amueblado con gusto, alfombrado y con candelabros de gas, sólo permitía la entrada a hombres bien educados y arreglados, y se desaconsejaba maldecir o escupir en presencia de la propietaria y jugadora.

El salón se abrió con estrépito cuando los hombres entraron en tropel. Los clientes, después de asearse y ponerse sus mejores ropas, llegaron para descubrir a aquella ingeniosa, vivaz y encantadora mujer que les invitaba a jugar. Liando sus propios cigarrillos y bebiendo champán, Eleanor supo mantener las distancias dejando claro que ante todo era una dama.

Aunque muy pocos conocían las reglas del «21», la novedad de una crupier atrajo a los jugadores, que perdieron más de lo que ganaron; sin embargo, rara vez se quejaron, pensando que era un privilegio codearse con aquella criatura exótica. Cuando ganaba, Eleanor expresaba su arrepentimiento y regalaba champán a los perdedores. Cuando perdía, se mostraba complacida por su mala suerte.

Pronto acumuló suficiente capital como para abrir una casa de juegos más grande. Contrató a un socio llamado David Tobin, un jugador profesional con el que abrió el Dumont's Palace. Con más crupieres y un grupo de violinistas para amenizar las veladas, el Dumont's Palace tuvo un éxito clamoroso, manteniendo una docena de juegos en marcha día y noche.

El éxito de la pareja duró poco. En 1857, a medida que menguaban las vetas de oro, también lo hacían los clientes de los casinos. Eleanor Dumont y Tobin redujeron sus pérdidas, vendieron los negocios y se separaron. Tobin se dirigió a Nueva York, donde murió siendo un hombre muy rico en 1865. Eleanor siguió a los mineros hasta Columbia, California, donde se estaba descubriendo una nueva riqueza de oro. Allí instaló su mesa de juego en un hotel. Las cosas marcharon bien durante un par de años. Ella era una musa que movía los naipes con la ductilidad de una diosa. Cautivaba a sus admiradores no solo con su inteligencia y su destreza, sino también con su elegante vestimenta.

Una vez que las vetas de oro se agotaron y los buscadores partieron en busca de nuevos yacimientos, ella los siguió, moviéndose de un sitio a otro.

Parecía tenerlo todo cuando inesperadamente decidió salir del negocio y cambiar de aires. Aunque sabía poco sobre animales, compró un rancho en Carson City, Nevada. Allí tuvo que aprender desde cero un oficio muy distinto. Estando sola y fuera de su elemento, entre bosques y prados desiertos el destino puso en su camino a un tal Jack McKnight, un hombre apuesto, bien vestido, que afirmaba ser un comprador de ganado. Ella cayó en sus redes al instante. Sin embargo, McKnight era en realidad un estafador que menos de un mes después desapareció con todo el dinero de Eleanor, vendió su rancho y la dejó con todas las deudas pendientes.

Aquella experiencia endureció a Eleanor. Se convirtió en una bebedora empedernida, se preocupaba menos por su apariencia y se volvió más cínica. Comenzó a llevar un arma a donde quiera que fuera, y cuando el destino se cruzó en su camino con el de McKnight, no perdió el tiempo y lo mató a tiros. Aunque resultó sospechosa del crimen, nunca fue acusada. Años después, sin embargo, ella confesaría haberlo matado.

Así las cosas, se vio obligada a regresar a los campamentos mineros y retomar el juego. En 1861 viajó a Pioche, Nevada, donde instaló su mesa en un casino local. No tuvo problemas para desplumar a la ruidosa multitud de mineros medio borrachos que la amenazaron con sus pistolas en más de una ocasión.

Durante las siguientes dos décadas, siguió el rastro del oro de un campamento a otro, yendo a la deriva a través de estados como Montana, Idaho, Utah, Nevada, Dakota del Sur, Arizona para terminar de nuevo en California.

Con el paso de los años, su atractivo se fue ajando, su cuerpo se volvió rollizo y el fino y poco favorecedor vello de su labio superior se oscureció. Con su elegancia desvanecida perdió el respeto de los jugadores, y fue adquiriendo muchas de sus rudas maneras. Mientras que al principio sólo bebía vino o champán con moderación, acabó recurriendo al whisky, adoptó un lenguaje soez y toleró sin remilgos las conversaciones obscenas.

Sus locales se volvieron garitos de segunda categoría y Eleanor dejó de ser una exótica novedad. Más tarde, cuando comenzó a actuar como una «Madame» añadiendo la prostitución a su negocio, recuperó algo de respeto por su doble papel de Madame y jugadora.

Fue viviendo en Bannack, Montana, a principios de la década de 1860, con sus casas de juego transformadas también en burdeles, donde se ganó el apodo de «Madame Moustache» en boca de un minero borracho.

Se había hecho a sí misma y no temía a nada ni a nadie. Una historia cuenta que saliendo de su mesa con sus apuestas, Eleanor fue abordada por dos ladrones que le exigieron su bolso. Después de informar tranquilamente a la pareja que no le quitarían el bolso, metió la mano bajo de la falda, sacó una derringer y disparó a quemarropa a uno de los hombres, que cayó muerto. El otro puso pies en polvorosa.

Eleanor podía ser una mujer dura y astuta, pero también poseía un buen corazón y a menudo suministraba comida y un lugar donde quedarse a los mineros que lo necesitaban. Mientras estuvo en Fort Benton, Montana, siguió con sus negocios. Allí, en Front Street, convivían una docena de cantinas, salas de baile y burdeles, donde ella abrió un garito llamado La Sclva.

En junio de 1867, estando sentada en su mesa de juego, vio un barco de vapor llamado Walter B. Dance que se acercaba al muelle. Después de escuchar un informe de que el barco llevaba pasajeros aquejados de viruela, bajó corriendo las escaleras y cruzó la calle hasta el dique, donde blandió dos pistolas y advirtió al capitán que no se detuviera. Salvó a la ciudad de ser contagiada.

Se dice que fue amiga de Calamity Jane y trató de enseñarle a dominar el póquer. De haber sido así, sus intentos fracasaron, pues la célebre forajida siempre fue conocida por ser mala jugadora.

En 1877, un periodista diría de ella: «Un personaje que llama la atención de todos los extraños es Mme. Moustache, una señorita francesa algo regordeta, de unos cuarenta años de edad, pero espléndidamente conservada. Su nombre, que es el único por el que se la conoce, deriva de una delicada línea de vello sobre su labio superior. Es muy popular entre los jugadores, quienes la tratan con marcado respeto. Tiene ojos negros brillantes y una voz musical, y hay algo atractivo en ella cuando levanta la vista con una pequeña sonrisa y exclama: "¿Jugará, señor?". Nadie conoce su historia pero se dice que es muy rica».

Cuando Tombstone estaba en pleno auge, ella se hallaba en la ciudad. Abrió un burdel rival del popular Blonde Marie's que fue un éxito. Para promocionarlo se vestía con sus mejores galas, alquilaba un carruaje caro y recorría las calles en compañía de sus chicas. Fumaba un cigarro largo, sonreía y saludaba con reverencias cortesanas a los hombres que se cruzaban en el camino.

La última parada de Eleanor fue Bodie, California. Aunque los años de vagar por los campamentos mineros habían pasado factura, un reportero de Bodie describió su llegada en mayo de 1878: «Madame Moustache, cuyo verdadero nombre es Eleanor, se ha instalado por el momento en la ciudad, siguiendo su antigua afición de jugar al veintiuno. Probablemente ninguna mujer de la costa sea más conocida que ella. Se conserva tan bien que aquellos que la conocieron hace años la reconocerían instantáneamente».

Una noche, un año después de su llegada, cuando su banco se estaba quedando sin dinero, Eleanor le pidió prestados trescientos dólares a una amiga para abrir el juego en su mesa. Desgraciadamente, la suerte no la acompañó y al cabo de unas horas perdió. Sin decir una palabra a nadie, salió del local y vagó en las afueras de la ciudad, donde bebió vino tinto mezclado con una dosis letal de morfina. Su cuerpo fue hallado el 8 de septiembre de 1879, junto con una carta dando instrucciones para la disposición de sus efectos, en la que también se decía: «estaba cansada de la vida».

El Bodie Morning News informó de su muerte al día siguiente:

«UN SUICIDIO: Ayer por la mañana, un pastor de ovejas descubrió el cadáver de una mujer tendido a unos cien metros de la carretera de Bridgeport, a una milla de la ciudad. Su cabeza estaba reclinada sobre una piedra y el aspecto del cuerpo indicaba que la muerte fue debida a causas naturales. El juez forense fue notificado de inmediato y envió un coche al lugar, para recoger y trasladar el cuerpo sin vida a la sala de autopsias.

La fallecida se llamaba Eleanor Dumont y fue reconocida como una conocida jugadora que se había distinguido en el salón Magnolia. Su muerte se produjo por una sobredosis de morfina, al encontrarse junto al cuerpo un frasco vacío con el olor peculiar de esa droga... La historia relacionada con el desafortunado suicidio no es más que una repetición de la de muchos otros que han seguido una vida licenciosa». Los cables telegráficos pronto difundieron la historia por todo el Oeste.

Los vecinos recaudaron dinero para brindar un entierro digno a aquella dama tan especial con fama de ser honesta en sus tratos y de pagar sus deudas.

Se dice que de los cientos de funerales celebrados en los campamentos mineros de la zona, el de Madame Moustache fue el más emotivo. Llegaron carruajes desde Carson City, Nevada, para ser utilizados en el cortejo fúnebre y los jugadores del lugar la enterraron con todos los honores».

Aunque se sabe que su tumba está en el cementerio de Bodie, California, nunca se ha determinado con certeza su ubicación.

Big Nose Kate, prostituta y empresaria que
mantuvo una relación con Doc Holliday.

Eleanor Dumont, conocida
como Madame Moustache.

Nelie Cashman, abrió varios restaurantes y
comercios en los asentamientos mineros.

PUNTO Y APARTE

————•·•◆•·•————

No te quedes sentada quejándote, frota
tus manos y decide qué hacer.

Michaela Coel

CHARLEY PARKHURST

Conductora de diligencias

1812-1879

En 1995, la Biblioteca del Congreso de los EE.UU. declaró a la película *La Diligencia* como bien «cultural, histórico y estéticamente significativo». El largometraje, dirigido por John Ford en 1939 e interpretado por John Wayne y Claire Trevor, es un símbolo de una época en la historia de los Estados Unidos. En incontables ocasiones, el cine brinda un homenaje a este medio de transporte de personas, de correo, de dinero y de otros bienes.

Las pagas de los funcionarios, el dinero de los bancos y los documentos de valor dependían de estas estructuras tiradas por cuatro o seis caballos en las que la pericia del conductor y la puntería del pasajero que le acompañaba (un guardia armado con revólveres y rifles) eran la única defensa contra el ataque de los salteadores y de los indios. Todo este mundo desapareció con la llegada del ferrocarril. La Wells Fargo con sus más de quinientas oficinas de diligencias, la destreza del cochero, la caja fuerte bajo el asiento del conductor, las carreras imposibles con los gritos de los salvajes siguiéndoles de cerca quedaron atrás. Un mundo en el que nuestra siguiente protagonista escribió su propia crónica.

En 1824, en el orfanato conocido como el Boston Children's Services, Charlotte Parkhurst se las ingeniaba para sobrevivir echando mano de su astucia y su imaginación. Sabía lo suficiente como para comprender las pocas alternativas que le brindaba su indefensión como huérfana y como niña. Desde su llegada al mundo en New Hamshire, tras ser abandonada al poco de nacer tuvo que abrirse camino en esta casa de acogida donde solo los más fuertes tenían alguna posibilidad. A los doce años de edad, ya tenía claro que quería probar suerte en el mundo exterior. Un buen día esperó el momento oportuno para eludir la vigilancia y abandonar el edificio. Miró a uno y otro lado de la calle y tras comprobar que no había nadie salió por una de las puertas laterales vestida de chico. Atrás quedaba su corto pasado junto con su nombre. A partir de ese instante sería Charley en vez de Charlotte.

Muy poco después, conoció al dueño de un establo que decidió acoger bajo su protección a este huérfano a cambio de la limpieza de las cuadras, de lavar los carruajes y fregar el suelo. Charley aprendió a recomponerse como mujer transformada en muchacho. Ella, que procedía de un hospicio para niños no deseados, conocía el sentido de palabras como obediencia, trabajo y dedicación. Poco a poco, los caballos fueron canalizando sus sentimientos. Seres inteligentes, nobles, agradecidos. En pocas semanas había establecido una estrecha relación con ellos, algo que al dueño del establo no le pasó inadvertido. El hombre se animó a entrenar a Charley para conducir diligencias tiradas por dos, cuatro y seis ejemplares. En poco tiempo, estaba lista para pasar a la historia como uno de los mejores conductores de diligencias de la costa oeste.

De los «domesticados» estados orientales, los pasos nos conducen a los barrancos de Nevada, Utah o California, donde pico en mano, o provistos de una batea, muchos sueñan con cambiar su destino. Otros se conforman con empezar de nuevo en una granja cultivando y criando caballos. Pero el tintineo de las pepitas de oro sobre un mostrador es el principal eco de llamada a quienes buscan fortuna. Algunos han pedido prestado, han mendigado o incluso robado para llegar hasta los asentamientos mineros. Sucios, diezmados por las adversidades y el hambre, acabarán deambulando por los asentamientos mineros, en donde apenas se ven mujeres, exceptuando aquellas que trabajan en los burdeles.

Nada retiene en el este a Charley Parkhurst que, en 1851, habiendo cumplido los 22 años, llega a San Francisco decidida a acabar siendo el mejor conductor de diligencias de California. Su aspecto desaliñado y el rostro ajado por la vida en la intemperie ayudan a ocultar su verdadera identidad. A esas alturas Charley Parkhurst ha adquirido una destreza con el látigo poco usual y sus músculos están a la altura de las circunstancias. Así que no tarda en encontrar empleo, alojamiento y comida además de 125 dólares mensuales. Un dineral en la época.

Con el cabello oculto bajo un sombrero de ala ancha o una gorra de piel de búfalo, los guantes de ante cubriendo las manos, unos holgados pantalones Levi Strauss, el cinturón de cuero ajustado a la cintura y una camisa amplia y deslucida, Charley Parkhurst se convierte en una célebre leyenda en toda California. Su mirada siempre alerta, con uno de sus ojos cubierto por un parche negro, tal vez a causa de la desafortunada patada de un caballo, hiela la sangre. Sus improperios y maldiciones, escandalizan a las damas y a los niños. Su 44 Smith & Wesson impone respeto y su látigo hace volar a los caballos que tiran de los carruajes repletos de pasajeros y de pesadas cajas de equipaje, correo y hasta de lingotes de oro.

Con el tiempo llega a conocer cada cerro, cada valle, cada sendero, cada arroyo que cruza esquivando ataques de indios y embestidas imprevistas de algún que otro oso grizzli. Nadie la iguala surcando el valle de San Joaquín, sorteando el lago San Luis, o llegando puntual a ciudades como Oakland o Santa Cruz. Los trayectos que hoy en día llevarían por carretera algo menos de dos horas, requieren por aquel entonces dos o tres días. Son tiempos donde los imprevistos y los caminos no facilitaban las cosas.

No le tiembla el pulso cuando tienen que llevarse por delante a algún que otro bandido que amenaza su diligencia. Lleva su pistola calibre 44 metida en el cinturón. Son tiempos en que las bandas vigilan las rutas de las diligencias, apuntando con sus armas a los conductores y aterrorizando a los pasajeros. Un bandido en particular apodado Sugarfoot (por poner bolsas de tela con azúcar bajo sus zapatos para ocultar sus huellas) se ha salido con la suya una vez llevándose el oro. Pero el segundo intento ha sido su perdición. Cuando él y sus secuaces asaltan la diligencia, ella no se detiene. Hace restallar su látigo y el tiro de caballos sale disparado, sorprendiendo a los bandoleros. Parkhurst se da la vuelta, apunta y dispara su pistola. Más tarde, Sugarfoot será hallado muerto, con una bala en el vientre. En agradecimiento, la Wells Fargo la premiará con el tradicional reloj y cadena de oro macizo símbolo de la compañía.

Es una vida salvaje que lleva la adrenalina hasta límites insospechados. De vez en cuando, en sus ratos libres, se abandona al compás de alguna balada tañida por la guitarra de un vagabundo, disfruta con sus puros o masticando tabaco. Cuando la ocasión lo permite, prueba su puntería tirando los dardos en alguna taberna de mala reputación. Bajo esa apariencia filibustera y bravucona se oculta sin embargo una personalidad bonachona que evita las peleas y la mayoría de las veces el alcohol. Además, suele guardar dulces en sus bolsillos para los niños de los asentamientos mineros que acuden en tropel atraídos por la novedad de una diligencia recién llegada.

Pasan los años y tras la Guerra Civil, las leyes de ferrocarriles del Pacífico allanarán el camino para la expansión ferroviaria hacia el oeste. Con ello irá quedando atrás la época en que las diligencias eran las encargadas de llevar noticias, de transportar correo, alimentos y artículos comerciales a lo largo y ancho de California.

A fines de la década de 1860, Charley Parkhurst ve llegado el momento de retirarse. Sin tener muy claro qué hacer con su vida, se anima a dirigir un *saloon* y poco después pone en marcha una estación de diligencias para ofrecer descanso a los conductores y caballos y donde los pasajeros pueden estirar las piernas. Aún saca tiempo para trabajar como leñadora en el norte de California y logra amasar una modesta fortuna criando ganado.

En 1868, a sus 55 años, esta mujer que se labró un futuro como conductor de diligencias decide burlar la ley haciendo uso de un derecho negado a las mujeres. En la ribereña población de Soquel, ubicada en el condado de Santa Cruz, California, se registra para votar en las elecciones presidenciales que enfrentaron al ex gobernador de Nueva York Horatio Seymour y al general en la Guerra Civil Ulysses S. Grant. Las estadounidenses aún tendrán que esperar más de cuatro décadas para tener derecho al voto en las elecciones nacionales. Ella, sin embargo, se colaría en la historia.

A principios de 1879, le diagnostican cáncer de boca y garganta, posiblemente a consecuencia de una vida fumando y mascando tabaco. Morirá a los 67 años en una pequeña cabaña en el condado de Santa Cruz rodeada de lo que más quiere: la naturaleza, el olor de la leña en la hoguera, el sonido de los coyotes y las estrellas infinitas en las noches.

Su legado seguirá vivo. En todas las casas de postas, en las tabernas, en cada establo y camino el sonido de su látigo y sus gritos permanecerán como un eco imperecedero. El San Francisco Call calificará a Parkhurst como «uno de los conductores de California más diestros y famosos». Para muchos fue un honor ocupar el asiento contiguo a esta legendaria figura que sostenía las riendas de cuatro, seis u ocho caballos sin que le temblara el pulso.

Charlotte *Charley* Parkhurst, dejó instrucciones para ser enterrada con su ropa de diario. No fue hasta que algunos amigos cercanos fueron a lavar y preparar su cuerpo para el entierro que se descubrió el gran secreto. Negándose a creer lo que veían, llamaron a un médico que confirmó que el maestro del látigo y masticador de tabaco era, de hecho, una «mujer bien desarrollada».

Sus restos fueron enterrados en el cementerio Pioneer-Odd Fellows de Watsonville, California.

En 1955, una asociación histórica exhumó sus huesos y los volvió a enterrar poniendo sobre ellos una lápida con una inscripción en la que puede leerse: «Charley Darkey Parkhurst (1812-1879) —"Charley el tuerto"—, célebre látigo de los días de la fiebre del oro. Primera mujer en votar en los Estados Unidos el 3 de noviembre de 1868».

Hay una sección dedicada a ella en el Museo Wells Fargo en San Francisco. Asimismo, en senderos legendarios de las antiguas diligencias de California se encuentran repartidas algunas placas en memoria suya. Aguzando el oído o tirando de imaginación, uno puede escuchar el enfebrecido galope de unos caballos y el restallar furioso de un látigo lejano.

POLLY BEMIS

«Made in China»

1853-1933

En septiembre de 1853 nacía en una zona rural del norte de China una niña que estaba destinada a convertirse en una leyenda del salvaje Oeste. Nada hacía pensar que su vida acabaría inspirando una novela que sería llevada a la gran pantalla con el título «Mil monedas de oro» en los años 90. «Lalu» o Polly Bemis, nombre con el que sería conocida en los Estados Unidos, tuvo una infancia difícil en una de esas aldeas asoladas por la sequía y el hambre. Con sus pies vendados y sus harapientos vestidos, pasó su infancia trabajando para la familia sin recibir ningún tipo de educación ni cariño paternal. Al cumplir los dieciocho años, sus padres la vendieron a un grupo de bandidos a cambio de dos bolsas de semillas. El hambre y las penurias mandaban.

La llegada a California de población procedente de China fue masiva a mediados de siglo. Solo entre 1851 y 1860 desembarcaron unos cuarenta mil cuatrocientos inmigrantes. La construcción del ferrocarril del Pacífico Central, que reclutó grandes grupos de trabajadores, muchos de ellos con contratos de cinco años, supuso otra gran llamada laboral entre esta masa de trabajadores sin cualificación pero con grandes deseos de trabajar. De hecho, los chinos se las ingeniaron tan bien a lo largo de la difícil ruta del Pacífico Central a través de las montañas de Nevada que se reclutaron miles hasta completar las obras del ferrocarril. Tanto es así que en 1869, la población china en Estados Unidos ascendía al menos a cien mil personas. La mayor parte vivía en la costa oeste, constituyendo más de una décima parte de la población de California. Y claro, es lógico imaginar que las mujeres chinas, formaron parte de esta gran oleada, ya fuera como esposas o como esclavas.

Con el tiempo, surgieron los conflictos entre la mano de obra china, que trabajaba por un salario muy inferior, y el resto de los trabajadores. Algunos argumentaron que admitir chinos en Estados Unidos rebajaba los estándares económicos, culturales y morales de la sociedad estadounidense. Otros utilizaron un argumento más abiertamente racista para limitar la inmigración asiática expresando su preocupación por la integridad de la composición racial estadounidense. Para entonces, la mayoría de los chinos se habían establecido en sus propios barrios (*Chinatowns*), considerados como lupanares donde los hombres se congregaban para visitar a prostitutas, fumar y jugar. Cabe suponer que la proporción de mujeres procedentes del país del sol naciente respecto a los hombres era notoriamente inferior. Ello se debió en gran medida a la aprobación de leyes antiinmigración en Estados Unidos, en concreto la Ley Page de 1875, que impidió la entrada de ciudadanas chinas.

Al llegar a Estados Unidos, los hombres y mujeres eran separados mientras esperaban audiencias sobre su estatus migratorio, que a menudo tomaba semanas. Durante este tiempo, ellas eran sometidas a largos interrogatorios sobre su vida familiar y sus orígenes. Cualquier duda o discrepancia se utilizaba para justificar la denegación de entrada. El estrés de estar separada de la familia hizo que muchas de ellas enfermaran. Algunas incluso se suicidaron. Una vez aprobada su entrada, enfrentaron nuevos desafíos. La mayoría fueron obligadas a trabajar como esclavas laborales o a prostituirse, habiendo sido atraídas con la falsa promesa de un matrimonio.

Esta fue la suerte que corrió Polly al cumplir los 19 años. En 1872 fue introducida de contrabando para ser vendida como esclava en San Francisco. Era común que los chinos tuvieran múltiples esposas y concubinas viviendo bajo el mismo techo. Cuando un chino se mudaba a América del Norte, podía llevar una concubina con él o adquirir una allí, ya que la costumbre requería que dejara a su esposa en su país natal para que se hiciera cargo de sus padres.

Un intermediario condujo a Polly desde San Francisco hasta Idaho, donde su comprador, un chino adinerado que dirigía un *saloon* en un campamento minero conocido como Warren's Camp, creado apenas una década atrás, cuando un buscador de fortuna llamado James Warren había encontrado oro en la cuenca del río Salmon. Allí llegó ella en un caluroso día de julio de 1872 con la cara tiznada, la mirada asustada y sin apenas poder mantener erguido su metro y medio de altura.

Los años que siguieron resultaron un infierno. Polly debía obediencia a su amo y se veía obligada a sobrevivir en un mundo donde la vida no tenía ningún valor. No queda claro cómo logró liberarse de su captor y dejar atrás aquella existencia de pesadilla, pero ocho años después de haber llegado al asentamiento, se hallaba viviendo con un violinista dueño de un *saloon* conocido como Charlie Bemis. Este hombre, mitad filibustero, mitad emprendedor, hijo de un joyero de Connecticut y que era temido por su puntería, se hizo cargo de ella protegiéndola de indeseables y forajidos. Si «las cosas se ponían demasiado difíciles», llamaba a Charlie Bemis quien «nunca le fallaba» declaró ella en múltiples ocasiones.

Con el tiempo Polly se hizo independiente. Dirigía la pensión que Bemis había construido para ella junto a la suya a poca distancia de su taberna, se encargaba de la colada de los huéspedes, de la cocina, y de un largo etcétera de tareas. Se hizo experta en la pesca con caña en el río Salmon, demostró habilidades con la enfermería y se encargaba de cuidar del hombre que le había sacado del arroyo. En una ocasión, Bemis casi muere durante una disputa de juego tras recibir un disparo en la mejilla. Ella lo cuidó hasta que logró recuperarse.

En 1894, la vida de Polly ya acumulaba suficientes ingredientes como para hacer de ella una mujer valiente y atractiva. Era lo opuesto de lo que encarnaban la mayoría de las esposas occidentales. Era elocuente, vigorosa, tomaba decisiones que afectaban al negocio de Bemis, gestionaba con éxito las cuentas, la intendencia… Cada uno de sus días en el pasado habían modelado su personalidad y podía afirmar que para entonces, su vida estaba repleta de buenos momentos. Cuando Bemis le pidió matrimonio, ella vio cumplidos sus sueños.

Ambos se mudaron al norte de Warrens hasta dar con un lugar donde iniciar una nueva vida y al que bautizaron Bemis Point o Polly Place. Además resultó un acuerdo ventajoso para ambas partes: ella logró establecer su residencia legal en los EE. UU. y él contar con alguien que cuidara de él. Y las cosas funcionaron. En 1894, dos años después, el tribunal de Helena, Montana, concedió la residencia a Polly Bemis. Ambos esposos lo celebraron presentando la solicitud de un título minero para explotar parte del curso del río Salmon conocido también como «Río sin Retorno».

Fueron unos pioneros al asentarse de forma permanente en la zona. Durante los siguientes años se dedicaron a la ganadería, a la pesca y a criar caballos. La vida nunca había sido tan mágica, tan atrayente para Polly como lo era cada día entre aquellas montañas y desfiladeros. Se sentía una afortunada.

Pasaron allí ocho felices años alejados del resto de los humanos, aprendiendo a sobrevivir con lo que les brindaban los animales y la tierra. Ataban los caballos a un árbol y se internaban en los bosques para recoger frutos silvestres, rescataban alguna vaca perdida y luego regresaban a la cabaña, donde encendían la lumbre y cenaban un guiso casero de carne y patatas. Cuando su vivienda fue destruida por un incendio, la pareja volvió a mudarse. Esta vez se asentaron al otro lado del río.

Aquel año las nieves cayeron con mayor virulencia y el frío se adueñó de la zona. Un viento persistente recorría los desfiladeros ululando y colándose por los resquicios de la cabaña y la chimenea. Bemis contrajo una neumonía de la que no logró recuperarse, falleciendo al poco tiempo.

Sin la compañía de aquel hombre, Polly abandonó las montañas y se mudó a la ciudad de Boise, al suroeste de Idaho, cerca de las fronteras de Oregón y Nevada. Se instaló en el hotel Idaho, un edificio recientemente erigido en el centro de la ciudad (y que aún se conserva) con forma de castillo francés y paredes de ladrillo rojo. Sus seis pisos con torreones, sus llamativas esquinas y el soberbio techo abuhardillado era visible desde lo lejos y confería un toque de extravagancia a aquella población ubicada en el desierto y rodeada de bosques de álamos que había sido fundada años atrás por francocanadienses dedicados al comercio de pieles.

Para ella supuso un contraste inimaginable. Los carruajes, las calles, los comercios, el ruido, el ir y venir de la gente… Sin embargo, acabó disfrutando con aquella nueva vida. Vio su primera película, tomó su primer tranvía y su primer ascensor. Pero al cabo de un tiempo sintió de nuevo la llamada de la naturaleza.

Echaba en falta los cielos y los valles, el vuelo de las águilas, el crepitar de la hoguera y el silencio de los bosques. Acabó regresando a su cabaña a orillas del Salmon River donde vivió hasta los 80 años, cuando sufrió un derrame cerebral. Aunque fue trasladada al Valley Hospital de Grangeville, Idaho, donde permaneció por espacio de tres meses, no pudieron hacer nada por ella.

Tras una existencia plagada de aventuras, de haber sido vendida, de dejar su tierra natal para vivir entre buscadores de oro como esclava, después de dar varios giros a su vida, Polly Bemis se convirtió en toda una leyenda. Muchos detalles de su ajetreada existencia fueron publicados por la prensa local.

En 1987, se restauró la cabaña que había resultado incendiada y sus restos fueron restaurados. Con el tiempo, la cabaña se convirtió en museo y fue incluida en el Registro Nacional de Lugares Históricos. En una ceremonia oficiada por el gobernador de Idaho, este declaró: «La historia de Polly Bemis es parte del legado del centro de Idaho. Ella es la principal pionera en el escarpado río Salmon». Poco después, fue admitida al igual que otras muchas mujeres sobresalientes, en el *Saloon* de la Fama del Estado.

Su legado sigue vivo. La Universidad de Idaho ofreció un curso de antropología al que tituló: «El mundo de Polly Bemis». La novela basada en su historia, así como la película estrenada en 1991 con el título: *Thousand Pieces of Gold*, dieron lugar a debates sobre el destino de muchas chinas vendidas y obligadas a viajar a América para servir de concubinas o esclavas laborales.

En el caso de Polly, disfrutó de un final feliz, halló el amor, contrajo matrimonio y logró la residencia estadounidense, lo que la mayoría de las jóvenes orientales llevadas a rastras a los campamentos mineros no consiguieron jamás.

LOS VAQUEROS
LAS PREFIEREN RUBIAS

Ignoramos nuestra verdadera estatura
hasta que nos ponemos en pie.

Emily Dickinson

CORDELIA *CORDIE* BELL CURBOW

La «Madame» de los cowboys

En 1905, el editor de un diario local de la ciudad de Williams, Arizona, declaraba que las prostitutas se estaban infiltrando en las zonas más respetables del vecindario. Denunciaba la hipocresía social respecto a la ordenanza que prohibía a las «mujeres trabajadoras» establecerse en determinadas calles, pues «las estamos viendo por toda la ciudad viviendo puerta a puerta de las esposas y familias más venerables de nuestra comunidad». Hacía mención también a la ordenanza que prohibía comportamientos escandalosos, así como «transitar por las calles entre las 4 de la madrugada y las 20 horas ataviadas con ropas provocativas o diferentes de las que llevan las damas respetables, ya que vemos a estas señoras en nuestras calles y tiendas, anunciando su profesión con sus vestidos poco aptos para los ojos de las jóvenes de la ciudad». Además, las «trabajadoras del placer» estaban obligadas a donar «contribuciones voluntarias», que eran recaudadas por los ayudantes del *sheriff* en los mismos burdeles. Impuestos como este, ayudaron con los años a financiar el establecimiento de Arizona como estado, lo que lograría en 1912. Sin duda, la conquista del Oeste fue también cosa de mujeres.

Tras una jornada de duro trabajo en las minas, en el rancho o en los valles conduciendo el ganado, los hombres ansiaban dos cosas: una botella de whisky y la dulzura de una mujer entregada a sus deseos más íntimos. No es de extrañar que los famosos «salones» estuvieran en la lista de los primeros establecimientos abiertos en las ciudades del Oeste. Las «mujeres de *saloon*» eran unos objetos tan codiciados como una pepita de oro. Mujeres de carnes pálidas y mejillas sonrosadas, de gasas y sedas en la ropa interior en el mejor de los casos, de rizos imposibles y miradas desvergonzadas, que hacían las delicias de los buscadores de oro, los *cowboys*, los rancheros y los jugadores de cartas. Las mejores se cotizaban a precios que no todos podían costearse. Lo normal, era poder disponer de alguna muchacha sin muchos remilgos en el aseo y el cuidado personal, mujeres dispuestas a compartir el lecho con un cliente en la mayoría de los casos harapiento. Pero había que sobrevivir como fuera.

A medida que los asentamientos se trasladaron al oeste para seguir la llamada de las minas y el comercio del camino de Santa Fe, la prostitución floreció en los campamentos mineros, los pequeños pueblos y las ciudades del suroeste. Ya sea escapando de una mala vida hogareña, atraídas por publicidad engañosa o huyendo de la miseria, miles de mujeres eligieron o se vieron obligadas a ingresar a un negocio donde enfrentaron segregación y persecución, multas y encarcelamiento, teniendo que luchar contra otros peligros propios de su profesión. Muchas soñaban con escapar de esa vida a través del matrimonio, pero la mayoría de las veces tuvieron que aceptar aquel destino.

Arizona y Nuevo México aún recuerdan a trabajadoras como Sara Bowman y Dona Tules, cuyos roles en este comercio ilícito dieron forma al devenir del Oeste americano.

Se estima que en la segunda mitad del siglo XIX ejercían la prostitución en el Oeste unas cincuenta mil mujeres. El aspecto que ofrecían no era siempre el más deseado. Muchas de ellas eran alcohólicas o habían contraído enfermedades venéreas que dejaban una huella indeleble en su físico. Algunas soñaban con ahorrar lo suficiente para dejar aquella vida y comprarse una casita en el campo o trasladarse a otra ciudad donde nadie las conociera. Unas pocas, vieron cumplido su deseo de casarse con algún cliente que las retiró del oficio. Hubo también quienes decidieron abrir su propio establecimiento, dejando de ser empleadas explotadas para ser empresarias.

En aquellas poblaciones la vida se improvisaba cada día con lo que cada cual sabía hacer, y las solteras o viudas no tenían demasiadas opciones. Cordelia *Cordie* Bell Curbow fue uno de esos casos en los que la fortuna y el tesón la sacaron del pozo para lanzarla a los brazos del mundo empresarial.

En Chattanooga, Georgia, donde posiblemente nació Cordelia en 1881, las expectativas para una niña pobre que crecía en el Sur eran poco menos que inexistentes. Por suerte, su familia emigró a Texas cuando ella tenía 17 años, confiando en poder prosperar allí.

Las luchas por la independencia de los estados de la Unión, la reciente creación del territorio de Nuevo México y las posibilidades de ser readmitido como un estado, había hecho de Texas un polvorín político durante mucho tiempo, pero la riqueza de aquellas tierras era innegable. Numerosas familias llegadas del este se asentaron allí, explotando los recursos naturales, levantando granjas o trabajando en pequeños comercios de productos de primera necesidad. No fue hasta que un tal Anthony Francis Lucas, excavó el primer gran pozo petrolero la mañana del 10 de enero de 1901 en una pequeña colina al sur de Beaumont, que el futuro de Texas cambiaría para siempre.

Cordelia vivió en Williams unos años. La ciudad había sido fundada por *Old Bill* Williams, un trampero, comerciante, explorador del camino de Santa Fe y montañés que había vivido en la zona cuando el comercio de pieles estaba en su punto álgido. Situada apenas a 100 kilómetros de distancia del Gran Cañón, Williams no tardó en convertirse en un lugar de paso obligado y de avituallamiento para las caravanas. Al igual que otras ciudades del viejo Oeste, se ganó una reputación como asentamiento rudo y ruidoso con cantinas, burdeles, casas de juego y fumaderos de opio. Tras la Guerra Civil, los especuladores de tierras, anticipando la construcción del ferrocarril con destino al Oeste, comenzaron a reclamar algunas áreas del norte de Arizona, incluida esta ciudad. En 1881 se estableció allí la primera oficina de correos y un año después llegaría el tren que hizo de Williams un centro estratégico para las industrias ganaderas y madereras. Las calles se fueron poblando de almacenes, establos, herrerías, comercios y pequeños hoteles. Si bien una ordenanza municipal trató de restringir la actividad de salones y prostíbulos a lo largo de Railroad Avenue, no logró impedir que los vaqueros, ferroviarios y leñadores frecuentaran tales negocios.

Al principio, las cosas no resultaron fáciles para Cordelia, que se vio obligada a vender lo único que poseía: su cuerpo. A partir de las imágenes que se conservan de ella, se trataba de una auténtica belleza. Su melena azabache con rizos ondulados, las mejillas prominentes, las caderas marcadas, la cintura de avispa y una sonrisa picarona, hacían de ella un objeto de deseo. Cordelia pasó a ser la joven más cotizada de los burdeles de la ciudad.

Por causas sin esclarecer, Cordelia se vio envuelta en una disputa en el *saloon* donde trabajaba y que acabó a tiro limpio, así que tuvo que poner pies en polvorosa.

Durante los siguientes años, viajó de un lugar a otro cambiando de nombre como cambiaba de destino. En 1917 reaparecía en Cottonwood, Arizona, donde se había vuelto a casar. Su marido, un tal Whited, trabajaba en una compañía minera. Ella, a la que se conocía como Cordelia Bell Whited, fue feliz con él durante un tiempo.

Cinco años después, se hacía llamar Cordie Kirbo y dirigía en la pequeña población de Miami (Arizona) el Arizona Rooms, un modesto hotelito situado no muy lejos del burdel más notorio de la ciudad, el Keystone. Que el Arizona Rooms ofrecía, además de habitaciones, sexo a los clientes, es más que probable, de hecho era el local de peor reputación y más frecuentado cada fin de semana. Allí, en el pequeño barrio que se extendía a los pies de un cañón, detrás de la estación de tren, las noches se vivían con mucha acción, pero las escandalosas trabajadoras jamás tuvieron roce alguno con la ley.

La tentación de poder aumentar los ingresos pudo con ella y no tardó en diversificar su actividad trabajando en un burdel que se anunciaba con el pomposo nombre de Fashion Apartments. Allí, las damas del placer saludaban desde los balcones cada noche a modo de reclamo.

Algunos días, Cordelia paseaba con descaro por las calles exhibiendo un vestido de satén rojo y zapatos de tacón que realzaban su talle. Las mujeres respetables de la ciudad hacían entonces acto de aparición en la línea del horizonte, entre gritos de consternación y abucheos. Al principio parecían pequeñas manchas en la distancia, pero gradualmente se hacían más grandes hasta alcanzar el límite de distancia que consideraban aconsejable. La población masculina, integrada básicamente por mineros, comerciantes y vaqueros, caía rendida a sus pies. Se trataba de una minúscula ciudad rodeada de montañas desnudas y mesetas sembradas de cactus, solo animadas por la carrera de alguna que otra diligencia y los *cowboys* conduciendo ganado.

Pero a ella no le achantaba lo árido del paisaje ni la dureza del negocio. Dinero llamaba a dinero. Así abrió otros dos locales: El Bertha's House y el hotel Copper City, que dirigió durante un tiempo.

En 1939, tras enviudar, no tardó en encontrar quien ocupara el lugar de su anterior marido, pues el matrimonio, pese a los negocios que ella regentaba, le brindaba cierta respetabilidad. Unió su vida a la de un empresario y se sabe que también tuvo algunos amantes. Se desconoce qué pasó con este último marido, pero lo que sí se sabe es que en 1946, con 65 años de edad, volvió a casarse por tercera vez. En este caso con un tal George Tillman Downen, al parecer, un viejo conocido al que había alojado en uno de sus primeros locales hacia 1930.

El matrimonio se estableció en un lugar llamado Hot Springs, Nuevo México. Allí, sin poder resistirse a la vocación que llevaba en las venas, Cordelia abrió un hotelito y otro burdel. Ya lo dice el refranero: «la cabra tira al monte».

Durante sus últimos años, Cordelia vivió en su propio rancho, adquirido con las ganancias de sus prósperos negocios. Todo el mundo sabía cómo se había ganado la vida, pero era respetada y aceptada entre los vecinos. Aquel rancho supuso un punto de inflexión en su vida. Obró maravillas en ella, llenando su mente de interés por nuevas cosas y dándole una nueva perspectiva de la vida. Allí se sintió libre de actuar y de moverse sin saberse culpable de nada. Sintió que había alcanzado la madurez. Acercándose al final de una larga travesía. Murió en 1955, tres años después de que falleciera su esposo. Fue enterrada junto a su último compañero de vida.

«Big Bertha», como todos la conocieron, descansa al fin tras una vida sembrada de amoríos y de negocios de dudosa reputación.

FANNIE PORTER

El mejor burdel de San Antonio

Butch Cassidy, Sundance Kid y otros miembros de la banda de Wild Bunch hacían siempre una parada en el popular burdel de San Antonio, regentado por Fannie Porter. Cada vez que ella anunciaba a voz en grito: «Hay compañía en el salón, chicas», aquello auguraba diversión y dinero en efectivo en la caja fuerte. Las prostitutas más jóvenes, más atractivas, más sanas y con una apariencia inmaculada se daban cita en este local ubicado en la esquina de las calles Durango y San Saba, y considerado el más popular del viejo Oeste.

La ciudad de San Antonio, Texas, —tan ligada desde antiguo a guerras y disputas territoriales entre los EE. UU. y México, y que quedó inmortalizada en el cine con la película *El Álamo*, a causa de la famosa batalla disputada del 23 de febrero al 6 de marzo de 1836, donde una pequeña milicia de secesionistas texanos a favor de la república de Texas defendió el pequeño fuerte (que aún se conserva), contra las fuerzas del comandante Santa Anna—, tenía ese aire irreverente de los lugares que parecen haberlo visto todo.

Fannie Porter tenía un olfato natural para los negocios. Inglesa de nacimiento, al poco de llegar a los Estados Unidos se dio cuenta de las escasas oportunidades que se abrían a una mujer. A ella no le atraía la vida de una sacrificada esposa de colono, arrastrando una existencia de penurias siempre al filo de la muerte, cruzando las llanuras amenazadas por indios en un desvencijado carromato, con el hambre y la enfermedad acechando cada día. Lo que le gustaba eran los olores de los cigarros, el sonido del piano, los vestidos de raso y la visión de las timbas de cartas en las mesas...

Menuda, con el cabello siempre recogido en un holgado moño que coronaba su cabeza y los ojos achispados de vida, a los 15 años, Fannie Porter ya trabajaba como prostituta en San Antonio, a donde llegó en 1888.

A base de ingenio y ahorros, cinco años después fundaba su propio burdel en una vivienda de dos plantas. Fannie´s, que se anunciaba como pensión, no tardó en alcanzar un clamoroso éxito entre los vaqueros y forajidos. Allí, en medio del paisaje sembrado de cactus y sacudido por el aire del desierto, se daban cita las estrellas más célebres del momento, algunas de las cuales, empapelaban con su retrato las paredes de las comisarías del estado.

Los clientes acudían deseosos de pasar las horas de diversión tras esquivar tiroteos y emboscadas de indios. Las coristas, las jovencitas llenando las jarras de cerveza, el olor a violetas que desprendían y la blancura de su piel, hacían honor a la fama del local que se hizo legendario por su vajilla de porcelana, las escupideras de latón, los brillantes candelabros de cristal, los muebles tapizados, las camas con dosel revestidas de sábanas de seda y las tupidas alfombras. En ocasiones especiales, se servía champán frío. Eso sí, era obligado quitarse las espuelas antes de meterse en la cama para no dañar ni un solo hilo de la lencería.

Fannie Porter se convirtió en una vecina tan mítica como su local. Su ingenio y sus salidas de tono ya formaban parte de la leyenda de la ciudad. Conseguir que la gente se divirtiera con algunas copas de más, que dejara allí su dinero y que regresara al local, se convirtió en su obsesión. Eso, ganar dinero y diversificar de forma inteligente.

Cuando Fannie decidió ampliar su negocio a un establecimiento de juegos de azar con diversos salones, el propietario del edificio, un tal Luther Bounds, canceló el contrato de arrendamiento. Ella, lejos de achantarse, vio la forma de sacar partido a esta nueva situación. Ideó lo que se cree que fue el primer «servicio de llamadas», en Texas y mediante una red de corredores y repartidores que llevaban las solicitudes y telegramas de clientes interesados a las jovencitas a través de las oficinas de telégrafos, salones y casinos. Fannie alquilaba las habitaciones de una vivienda a las que luego asignaba a alguna de sus chicas. Ni que decir tiene que el nuevo sistema pronto se convirtió en todo un éxito.

Durante años, el improvisado burdel sirvió como parada de descanso, escondite y cuartel general para Butch Cassidy y el resto de la banda Hole-in-the-Wall[27]. Cuenta la leyenda que, en una ocasión, Cassidy hizo su famoso paseo en bicicleta por la calle sin asfaltar frente a la casa de Fannie. Fue allí también donde Harry Longabaugh (más conocido como Sundance Kid) conoció a la guapísima Etta Place, la chica más excitante del Oeste. Al parecer fue él quien le buscó trabajo como maestra para que comenzara una nueva vida.

Harvey Logan, conocido como Kid Curry y considerado el miembro más peligroso de la banda de Wild Bunch, también conoció allí a la esbelta Annie Rogers. Aunque la reputación de Curry era la de ser un hombre rudo, siempre se comportó de

---

27. (Agujero en la pared), nombre tomado del estrecho paso en las montañas del condado de Johnson, Wyoming, donde varias bandas de forajidos tenían sus guaridas.

la mejor manera en Fannie's y se cree que se casó con Annie o, al menos, vivieron juntos como marido y mujer. Della Moore, también se hizo amante por un tiempo de Kid Curry, y lo mismo ocurrió con Laura Bullion y Will Carver.

Laura Bullion estuvo a la altura de los forajidos con quienes se codeaba. En la década de 1890, ya era miembro de la banda de Butch Cassidy. Durante aquellos años, mantuvo una relación con Carver. Después de que este muriera por un balazo recibido tras el robo a un banco, se unió a Ben Kilpatrick («El alto texano»), un conocido ladrón de bancos y trenes. Laura fue arrestada en St. Louis, Misuri. Tras ser declarada culpable de robo de un tren, fue condenada a cinco años de prisión. Al abandonar la cárcel se mudó a Memphis, Tennessee, donde inició una nueva vida como ama de casa y modista.

Volviendo a Fannie Parker, la discreción era una de sus virtudes. Jamás entregó al *sheriff* a alguno de los clientes cuya cabeza habían puesto precio. Cuidaba con celo a sus empleadas, con edades comprendidas entre los 18 y los 25 años. Cualquiera que las maltratara tenía prohibido regresar a su burdel. También se aseguraba de que los agentes de la ley que contrataban sus servicios recibieran a cambio el mejor trato posible. Aun así, su actividad estaba en el punto de mira de las autoridades y tuvo que vérselas con la justicia en más de una ocasión.

Aunque tenía buenos contactos y operaba en su mayor parte sin interferencia de la ley, a finales de la década de 1880 fue arrestada varias veces acusada de alteración del orden, de ocultar a delincuentes, de proporcionar entretenimiento lascivo y de «vagancia», término empleado en los informes policiales para la prostitución. Pero ella no ponía las cosas fáciles, se sabe que en más de una ocasión expulsó de su burdel a los agentes de la ley con una escoba y sus detenciones siempre terminaron con su liberación. No podían con ella.

En un momento dado, decidió enmascarar su actividad trasladando su negocio a su propia vivienda. Esto ocurría en 1901, cuando la llegada del siglo XX cambiaría el escenario de los prostíbulos con normas más rígidas.

Llegaron tiempos de altibajos. La última vez que Wild Bunch visitó su burdel fue en febrero de 1901, después de participar en el robo de algunos bancos en Nevada y Montana. Con la ley pisándoles los talones, la banda decidió dividirse, pero antes Fannie les organizó una fiesta de despedida.

Fannie Parker cerró su casa y decidió retirarse de la escena dejando atrás una vida de excesos y de excitación. No se sabe adónde fue tras su jubilación. Se cree que contrajo matrimonio con un hombre rico, otros afirman que murió en un accidente automovilístico en El Paso, y hay incluso quienes sospechan que regresó a Inglaterra.

Por uno de esos caprichos de la historia, en 1914, el edificio que albergaba el burdel fue comprado por las Hermanas Carmelitas de la Divina Caridad y funcionó como guardería. Hoy en día, el edificio existe.

La leyenda de esta inglesa reconvertida en célebre madame del Oeste ocupa un lugar de honor en la galería de la historia de Texas y ha inspirado numerosos artículos y libros. Las películas que tienen como protagonistas a célebres forajidos en ocasiones llevan la pátina de Fannie Parker, el aroma de su perfume y la zalamera coquetería de sus trabajadoras.

PEARL DE VERE

La «paloma sucia de Cripple Creek»

1862-1897

E1 10 de junio de 1897, varios cientos de personas se congregaban para dar su último adiós a una vecina, siguiendo el cortejo más lujoso en la historia de Cripple Creek. Un rico ataúd tallado y forrado de color lavanda adornado con rosas frescas rojas y blancas se abría paso al compás de una marcha fúnebre entonada por las bandas de la ciudad. La policía montada en su traje de gala, seguía con elegante paso el coche fúnebre de camino al cementerio, mientras prácticamente todos los vecinos de la ciudad, se abrían paso a orillas del camino con la cabeza baja, llamados ya fuera por respeto o simple curiosidad.

Figuras del mundo de la política local, empresarios, abogados, amigos de la difunta y hasta banqueros podían afirmar haber compartido con Pearl de Vere momentos memorables. La mayoría habían acudido para compartir la emotiva despedida. Se eclipsaba una estrella que había iluminado el firmamento de la ciudad, aunque ese día la luz crepuscular parecía querer emular su brillo. Pearl de Vere pareció haber elegido el lugar y el modo preciso para retirarse del mundo. Unas noches antes, después de una clamorosa fiesta, había sido encontrada inconsciente en una de las camas de su burdel por una de sus chicas. Se había llamado a un médico, pero el hombre la declaró muerta.

Su dictamen fue que posiblemente había fallecido de una sobredosis accidental de morfina, se sabía que a menudo tomaba esta sustancia para conciliar el sueño, pero el diagnóstico nunca fue confirmado.

La diosa del burdel más aclamado del estado de Colorado, para algunos la «paloma sucia» de Cripple Creek, nombre con el que se denominaba a las prostitutas, había vivido con esa épica necesaria para triunfar de la manera en que lo hizo. Incluso en los momentos más frágiles de su vida, había renacido con elegancia y de la mejor manera que sabía: luchando, aunque estuviera rota por dentro. Con ella, quedaba atrás una de las mejores épocas de la ciudad.

La funeraria había avisado a su hermana de lo ocurrido. Esta, que llevaba décadas sin ver a Pearl, viajó desde Chicago, solo para descubrir que la difunta no era la respetada dueña de una sombrerería que había creído durante aquellos años, sino la madame del burdel más notorio de la ciudad. Escandalizada al conocer la verdad, se negó a tener nada que ver con el funeral manchándose por donde había venido.

A pesar de que el negocio de Pearl había sido exitoso, en el momento de su muerte no tenía suficiente dinero para un entierro apropiado. Había gastado todos sus ingresos en muebles y decoraciones lujosas para ella y su casa de citas, conocida como «Old Homestead».

Algunos sugirieron vender el caro vestido que llevaba puesto al morir y destinar lo que se obtuviera para pagar parte de la ceremonia. Siendo apreciada por muchos de los lugareños y mineros (había sido algo así como una filántropa para la ciudad), estos habían contribuido por su cuenta a hacer arreglos para la procesión fúnebre y entierro. Entretanto, una carta llegada por correo y firmada por el caballero que había regalado a Pearl el vestido, pedía que fuera enterrada con la prenda e incluía un cheque de mil dólares para pagar el funeral.

Sus amigos y clientes más queridos fueron los que portaron el féretro hasta el último destino de quien había sido su emperatriz. Después de su entierro, las bandas siguieron tocando de regreso a la ciudad. Sin embargo, aligeraron el tono y tal y como a ella le habría gustado, lo acabaron convirtiendo en una celebración con melodías alegres, como «There'll be a Hot Time in the Old Town Tonight» que tantas noches había acompañado las fiestas en el local de Pearl.

Ella, que nunca había reparado en gastos, había llevado orquestas traídas de Denver que hacían las delicias del local. Los clientes que querían pasar la noche allí, debían pagar 250 dólares. Teniendo en cuenta que por aquel entonces el salario medio de un minero era de dos dólares diarios, la tarifa no estaba al alcance de todo el mundo.

El misterio había rodeado la muerte de Pearl cuando la noche previa era hallada sin vida. Pearl había celebrado una gran fiesta patrocinada por un rico admirador que incluyó el mejor vino y caviar y dos orquestas. El hombre le había traído un vestido parisino importado de gasa rosa y lentejuelas que le había costado la nada despreciable cifra de 800 dólares. Según algunos testigo, los dos habían tenido una discusión, tras lo cual el caballero se fue de regreso a Denver, y ella les dijo a sus chicas que se iba a dormir. Fue la última vez que la vieron con vida.

Ella había luchado siempre por su libertad, por hacer lo que le viniera en gana. Había dejado a su familia desde joven para marchar a Denver, donde empezó trabajando como elegante cortesana de amantes adinerados adoptando el nombre de «Señora Martin».

Siete años después conoció en el condado de El Paso, Colorado, al que sería su primer esposo, pero como era de esperar en una mujer tan poco convencional, la pareja vivió siempre separada. De Vere dio en adopción al único hijo que tuvo, una preciosa niña que no encajaba con sus planes de vida. Fue durante este período cuando se había teñido el cabello de pelirrojo, que entonaba con las joyas y ropas finas que solía lucir.

Nada más llegar a Cripple Creek, Pearl supo que aquella era su ciudad. Allí la demanda de prostitutas, en una tierra donde el número de hombres era muy superior al de mujeres, era evidente. Pero triunfar en los negocios nocturnos no era un asunto fácil. Las aspirantes eran muchas y el talento y el encanto abundaban en las candidatas. Pearl tuvo que componérselas en aquella cruzada personal para hacerse con un nombre. Al poco de llegar cambió su nombre de Señora Martin a 'Pearl de Vere' y comenzó a trabajar como prostituta. Esto ocurría en 1893.

Las cosas le fueron tan bien que unos meses después abría su propio burdel con varias chicas a su servicio. De Vere compró una pequeña casa de madera en Myers Avenue, donde instaló su negocio. Por entonces era una mujer de 31 años de edad, bella, pelirroja y de complexión esbelta, pero, sobre todo, era una mujer de negocios, de fuerte voluntad y astuta. La sangre que corría por sus venas llevaba el temperamento y la decisión que siempre la acompañaron. Sus alumnas fueron instruidas para practicar una buena higiene, vestirse bien y someterse a exámenes médicos mensuales. También escogía solo las chicas más hermosas para el empleo. A cambio, eran bien pagadas por sus servicios.

Atendía a los hombres más prósperos de Cripple Creek y su burdel de lujo pronto se convirtió en el más exitoso de la ciudad y uno de los más aclamados de todo el estado. Pearl era bien conocida por lucir en público lujosas ropas siempre a la última moda, y por no ser vista dos veces con el mismo atuendo. Paseaba en un carruaje abierto tirado por caballos negros y ella y sus chicas iban de compras a las tiendas. Ofendidas por tener que encontrarse con ellas, las mujeres honestas de la ciudad se quejaron a las autoridades que ordenaron restringir a las «palomas sucias» el horario para llevar a cabo sus compras bajo pena de una fuerte multa si lo hacían en otro momento.

La noche formaba parte de su ADN, vibraba con los compases de la música, con la visión de las chicas encandilando a los clientes, con el burbujeo del champán y eso la hacía brillar como la luna. Cuando en 1895 el empresario C. B. Flynn, rico propietario de un molino minero, puso sus ojos en ella, cayó irremisiblemente enamorado. Contrajeron matrimonio apenas unos meses antes de que un gran fuego arrasara el distrito comercial de la ciudad, destruyendo la mayoría de los negocios, incluyendo el molino de él y el burdel de ella.

Para recuperarse financieramente, Flynn ganó un puesto como fundidor de acero en Monterrey, México. En cambio Pearl de Vere era inmune al desaliento y permaneció en Cripple Creek reconstruyendo su negocio. Con un dinero prestado hizo construir un edificio de ladrillo de dos pisos que decoró de manera opulenta con lujosas alfombras, mobiliario de maderas nobles, las mesas de juego recubiertas de cuero y lámparas eléctricas. La casa estaba equipada con dos baños con agua corriente. Ello en un tiempo en que la luz eléctrica y el agua corriente eran aún novedades al alcance de pocos; incluso el papel de pared fue traído de París y fue colocado por un empapelador europeo. Cada una de sus chicas tenía su propio dormitorio, utilizado para el servicio con el cliente, completo con un tocador, un cambiador y una cama grande. También suministró a cada una un baúl grande que se podía asegurar con candado, para sus artículos personales.

El éxito del local donde el *whisky* corría a raudales fue apoteósico. El binomio Pearl de Vere y la diversión funcionaba como el mecanismo de un reloj suizo. Allí acudían las personalidades del momento, hombres adinerados que estaban de paso y habían oído hablar del burdel, tratantes de ganado, inversores exitosos, magistrados, propietarios de minas y un largo etcétera. Claramente, «The Old Homestead» era un lugar para ver y ser visto, en parte, gracias a su extravagante anfitriona. El aspecto de Pearl de Vere, hacía honor a su fama. Sus modales y su inteligencia también. Algunas escenas vividas en su club fueron legendarias.

Cuando un cliente entraba al establecimiento, si no podía decidirse por una chica en particular, podía entrar a la que se denominaba como la habitación de visionado. En esta habitación, accesible visualmente a través de una puerta pequeña en el segundo piso, los interesados podían mirar abajo a través de una gran ventana al salón donde todas las chicas estaban reunidas. Una vez el afortunado se decidió por una mujer, era llevado hasta la habitación de visionado, donde esta se quitaba la ropa para que el cliente pudiera tomar una decisión final.

El tiempo fue pasando dejando atrás matrimonios y divorcios, posiblemente también numerosos amantes. Los temporales económicos se habían capeado sin que ninguna de las tormentas hubiera acabado con ella. Las noches de frenesí y de éxito, los fajos de billetes metidos apresuradamente en la caja, se siguieron sucediendo. Sin embargo, también llegaron tiempos de altibajos para ella, cada vez dormía peor y solo lo lograba con una dosis de morfina. Parecía como si su vida de excesos empezara a pasarle factura y decidiera dejar este mundo premeditadamente. En la soledad y con las sábanas de raso que tanto le habían gustado envolviéndola. Fue su forma elegante de decir adiós.

En la década de 1930, su figura había caído en el olvido, pero a medida que el turismo del mitificado Oeste comenzó a llegar a Cripple Creek, la estela fue reemplazada por un cenotafio de mármol tallado en forma de corazón. Hoy la placa de madera original cuelga en la pared del Museo del distrito de Cripple Creek.

«The Old Homestead» continuó en funcionamiento como burdel hasta 1917, luego como pensión y más tarde como residencia particular.

En 1957, los dueños descubrieron muchos objetos originales que deseaban compartir con el público y un año después la residencia fue abierta como museo.

Cordelia Bell Curbow,
en sus años como prostituta.

Pearl de Vere, conocida
como la "Paloma Sucia
de Cripple Creek"

Fanny Porter montó
el mejor burdel de
San Antonio, Texas

EL SABOR DE LA AVENTURA

————•·•·◆·•·•————

*Hay muchos lugares maravillosos en el
mundo, pero uno de mis lugares favoritos
es el lomo de mi caballo.*

Rolf Kopfle

ELLEN ELLIOT JACK

Una inglesa en las minas de plata
1842-1921

*No temo al hombre ni al diablo; no lo llevo en
la sangre, y si pueden disparar más recto o más
rápido que yo, que lo intenten, porque un revólver
44 Magnum pone en igualdad de condiciones a las
mujeres más frágiles y a los hombres más rudos. Todas
las mujeres deberían tener esa arma, ser capaces de
protegerse contra los rufianes.*

Ellen Elliot Jack - «Capitán Jack»

Se conservan cuatro tarjetas postales con fotografías en tono sepia. Tres de las imágenes muestran a una mujer entrada en años, de baja estatura con atuendo propio del Oeste y su hacha de minería. Una gruesa falda acampanada hasta los tobillos, una blusa holgada, unas botas acordonadas y un sombrero de ala ancha tocado por lo que parece una pluma completan su vestuario. Está acompañada por un burro en medio de un paisaje algo desolador, con la tierra revuelta, diversos utensilios mineros y unas tablas desperdigadas.

En la cuarta posa frente a su casa. Una sencilla cabaña de madera de una sola planta dotada de una espaciosa ventana y una puerta semiabierta. En una mano sostiene un pico por el mango de madera y en la otra un revólver. Sin duda, representa la viva imagen de alguien que trabaja, pero que está listo para defenderse de cualquier imprevisto ataque.

Dos de las postales fueron enviadas por correo a dos personas diferentes, con franqueo fechado en 1909. En una de ellas, puede leerse: «¿Es amiga tuya? Hoy cenamos con ella en la cima de una de las montañas de High Drive. Sin duda es un personaje».

Ellen Jack nació en New Lentern, Nottingham, Inglaterra, en 1842. Siendo niña, una gitana que había acampado cerca de la finca familiar, profetizó que Ellen sería una «rosacruz», una buscadora de tesoros, y que llevaría una vida llena de tragedias y sorpresas.

De joven, a Ellen no le faltaban pretendientes que compitieran por conseguir su mano, pero ella había entregado su corazón a su primer amor, un tal Carl, un ruso al que conocía desde niña. No se sabe nada de aquella relación, pero algunos aseguran que el joven Carl, en un ataque de celos, la apuñaló varias veces en el pecho, después de espiarla y verla con otro hombre, desconociendo que se trataba de su prima.

Su hermana insistió en que hiciera un viaje a los EE.UU. ya que un cambio de escenario le vendría bien.

En 1860, viajando a bordo del barco que la llevaría a un nuevo mundo y una nueva vida, conoció a Charles E. Jack, que sería nombrado capitán de la Armada durante la Guerra Civil. Tras una larga y romántica travesía, la pareja decidió contraer matrimonio.

La vida parecía sonreír a la joven Ellen. Un matrimonio feliz y una familia sana auguraban un futuro feliz. Sin embargo, el destino tenía otros planes para ella. Sus hijos murieron con un corto período de tiempo y a esta terrible desgracia siguió la muerte de su esposo, que sucumbió a las heridas recibidas en una contienda durante la Guerra Civil.

Tras un tiempo de confinamiento y de duelo, Ellen se hallaba lista para seguir adelante y estrenar una nueva vida. Al contrario de otras mujeres para las que semejantes pérdidas hubieran dado paso a una existencia de confinamiento, ella necesitaba cerrar sus heridas con nuevos retos.

Por una de esas casualidades, un encuentro con la exniñera de sus hijos le brindó la oportunidad que esperaba. Jenny, como se llamaba la joven ahora convertida en una próspera trabajadora, la animó a dirigirse a la ciudad de Gunnison, Colorado, situada en el corazón del país. La ciudad, que en un principio se originó como un campamento minero de plata recibiendo su nombre por el capitán John William Gunnison, un luchador indio y topógrafo ferroviario que había explorado el área en 1853, se hallaba en plena transformación. Aún faltaba tiempo para que el ferrocarril occidental de Denver y Río Grande llegara en 1881, pero ya daba la bienvenida a toda persona con deseos de trabajar. Se requería mano de obra y era bienvenido cualquier negocio que contribuyera a su prosperidad: hoteles, casas de comida, comercios…

Corría la década de 1870 cuando Ellen sorteaba los caudalosos ríos y lagos de las montañas próximas a la ciudad, dejando atrás el imponente Black Canyon, rodeado de bosques y senderos vírgenes. Al poco de llegar a Gunnison, Ellen no tardó en advertir las oportunidades que ofrecía aquella población donde la minería actuaba como un imán. Atisbando el desarrollo de aquel centro de abastecimiento y recreación para los trabajadores de la zona abrió una casa de comidas, a la que llamó Jack's Cabin, en memoria de su esposo y que no tardó en ser un negocio rentable.

La ciudad se erigía en el corazón del territorio de los indios uta, que habitaban desde antiguo las montañas y vastas áreas de Colorado, Utah, Wyoming, el este de Nevada, el norte de Nuevo México y Arizona. Los uta veían cómo los blancos les arrebataban sus terrenos de caza, cómo los expulsaban hacia las montañas impidiendo que erigieran sus campamentos de invierno a orillas de los ríos y, sobre todo, cómo mermaban su medio de vida y subsistencia: los búfalos. Con el tiempo se habían transformado en fieros y avezados guerreros que habían comenzado a atacar y desplazar a otras tribus de las llanuras, incluidos los comanches, que anteriormente habían sido aliados. El nombre «comanche» proviene de la palabra uta, «kimantsi», que significa enemigo. Eran hábiles en el combate a caballo. Los hombres se organizaban en partidas de guerra compuestas por guerreros, curanderos y un jefe que dirigía la partida.

Sin previo aviso, un jefe renegado llamado Collarow y varios de sus hombres asaltaron la ciudad. La contienda fue tan imprevista como sangrienta. Las mujeres se refugiaban huyendo de las hachas nativas y los gritos de guerra que se alzaban en el aire mientras los nativos avanzaban por la ciudad tomando revancha por la usurpación de sus tierras. Los defensores no daban abasto. El humo escapaba de las casas incendiadas. Ellen se mantuvo firme. Se defendió del ataque disparando su revólver, pese a la herida sufrida en la frente con una hacha india y la sangre que recorría su rostro. Finalmente los indios se retiraron. La historia viene recogida en las memorias que Ellen publicó más tarde.

El tiempo fue pasando y Ellen diversificó su actividad probando suerte en la mina de plata conocida como Black Queen. Se dedicó en cuerpo y alma a aquel yacimiento que le dio tanta riqueza como disgustos. Uno de sus hombres de confianza y amante, terminó siendo un estafador que trató de robarle todo. Ellen decidió trasladarse a Colorado Springs. El lugar colmó todas sus expectativas. Por aquel entonces, empezaba un turismo incipiente por la zona. Eran los primeros años de 1900 y algunas compañías ofrecían la posibilidad de contemplar el Gold Camp Road y el North Cheyenne Canyon, a través de un paso o camino panorámico llamado High Drive. La ruta discurría sobre las cataratas Helen Hunt ofreciendo un paisaje de ensueño. Se destinaron terrenos y financiación para crear parques, edificios y organizaciones sin fines de lucro que fomentaran el turismo en la zona. Con el tiempo fue el hogar de exitosos propietarios de minas, artistas y escritores. El clima y el entorno montañoso lo convirtieron en un destino paradisiaco y en un balneario para personas con problemas de pulmones.

Colorado Springs, con su anarquía y grandeza natural conquistó a Ellen que se hizo la promesa de no dejar nunca el lugar. Aquella, sin duda, era una época en que la vida se movía a otro ritmo. El horizonte se acercaba lentamente. El ferrocarril se movía a otra velocidad. Las horas transcurrían a cámara lenta. Eran otros tiempos, otra forma de moverse y, para Ellen, después de una vida errante y de duro trabajo en las minas la ciudad se instaló en su corazón.

Los conductores esperaban en las estaciones de Denver y Río Grande, ofreciendo una auténtica experiencia del lejano Oeste. Ellen, dotada de un talento especial para los negocios, aprovechó las ventajas que se abrían ante ella. Vestida con una sencilla blusa de algodón, una falda pantalón y unas botas de media caña, se hacía retratar armada con un pico de minería y una pistola en su cinturón para postales que luego vendía en Captain Jack's Place la posada que había abierto en Colorado

Springs. También alquiló algunas cabañas para uso de aquellos que desafiaban la estrecha y sinuosa carretera de High Drive, ofreciéndoles excursiones en burro y una suculenta y estimulante cena.

Durante unos años se ganó la vida alternando su negocio de hostelería con el turismo. Escribió y autopublicó su biografía: «El destino de un hada». Los tiempos estaban cambiando y ella supo adaptarse a esas nuevas corrientes. La vida de los pioneros, de las luchas con los indios, de los buscadores de oro quedaban atrás.

En 1920, una inundación arrasó la carretera a High Drive. Por suerte, Ellen estaba en la ciudad en ese momento.

La salud de Ellen se fue deteriorando y en un momento dado se vio confinada a una cama de hospital. Murió el 16 de junio de 1921 de un ataque cardíaco, aunque quienes mejor la conocían aseguraron que murió con el corazón roto, al sentirse incapaz de regresar a esos tiempos pasados en los que había sido tan feliz.

En cualquier caso, fue una pionera, una mujer que descolló entre sus coetáneos. No hubo rastro de mediocridad en ella. Todos sus pasos por el mundo fueron de una osadía devastadora.

Aquellas tarjetas color sepia, sin duda, fueron vendidas a alguno de aquellos turistas que tuvieron la fortuna de conocerla.

ANNIE OAKLEY

Cuestión de puntería

1860-1926

Apunta a lo más alto y lo conseguirás

Annie Oackley

D e una gracia inusual, Annie Oakley enamoraba a cuantos hombres ponían sus ojos en ella. Su melena castaña, sus ojos de ninfa que se abrían sin límite de profundidad al mundo y su menuda figura, formaban un conjunto irresistible.

Annie nació en el condado de Darke, Ohio, como Phoebe Ann Moses. Al quedar huérfana de padre a los cinco años, y más tarde perder también a su padrastro, tuvo que ingeniárselas para ayudar a la familia (una madre viuda y siete hermanos). Empezó como cuidadora de los hijos de un granjero local, pero al verse explotada con todo tipo de tareas domésticas dejó aquel trabajo. A partir de entonces empezó a salir a cazar, vendiendo la carne de sus presas a hoteles y restaurantes cercanos. De esta forma, fue mejorando su puntería y aficionándose a la vida al aire libre.

Fue participando en una competición de tiro en Cincinnati, con apenas 15 años, que Annie logró vencer al famoso tirador

Frank Buttler, un joven de origen irlandés y ojos verdes como el mar que se había divorciado y era padre de dos hijos. Buttler era atrevido, atractivo, cordial. Al verla disparar, no tardó en caer rendido bajo el embrujo de aquella ola vagabunda. Cuando Annie ganó la jugosa recompensa de cien dólares ofrecida por Buttler a cualquiera que lo venciese con su puntería, el romance no se hizo esperar. Ella se vio también atrapada en una tela de araña por aquel hombre, alto, de presencia omnipresente y mirada apasionada. Era como si hubiera esperado hasta conocer al hombre de su vida.

Ambos unieron sus vidas un día de 1876 para recorrer el país participando en diversos *shows*. Huelga decir que quien causaba sensación entre el público era Annie, disparando contra naipes, contra centavos lanzados al aire o cigarros colgando de los labios de su esposo. Era todo un prodigio de destreza que embrujaba con su encanto.

Muchos eran los que se abrían paso a codazos para presenciar el espectáculo que ofrecía, rifle en mano, aquella joven con sus rizos dorados, sus ropas de ante, el sombrero de ala ancha, las botas *cowboy*, los flecos de la casaca y la falda bailando a compás de sus menudos pasos, como hilos indomables de un flequillo... Cuando apuntaba a una diana, toda aquella sensualidad se disolvía para hacer de ella un témpano de hielo. Las respiraciones se contenían entonces entre el público, el silencio se adueñaba del ambiente hasta que era roto por el sonido del certero disparo de su rifle.

Entre sus admiradores figuró el propio Toro Sentado, quien, pese a estar recluido como preso político en Fort Yates, Dakota del Norte, logró que fueran presentados. Aquel guerrero mítico, jefe de la nación sioux que había puesto en vilo al ejército estadounidense liderando sangrientas batallas, quedó cautivado del temple de aquella tiradora. Enseguida supo ver en ella el espíritu de un guerrero.

En 1883, William Frederick Cody, que pasaría a la historia como Buffalo Bill, puso en marcha un famoso espectáculo teatral conocido como el Buffalo Bill's Wild West and Congress of Rough Riders of the World. Antes de eso, este emprendedor había trabajado como mensajero del Pony Express y había servido en el ejército de la Unión. Buffalo Bill se había ganado el sobrenombre por haber matado 4280 búfalos. Tras la guerra, se abrió camino sirviendo carne de este animal a los trabajadores del ferrocarril de la Kansas Pacific Railroad. El *show* de Buffalo Bill reunía los estereotipos del viejo Oeste. Allí se dieron cita personalidades del momento, héroes, villanos, célebres guerreros de la nación india y tiradores afamados. Annie Oakley, contratada en 1885 cuando tenía 25 años, fue una de estas celebridades.

Las representaciones con escenas de cacerías de búfalos, robos de trenes o encarnizadas batallas contra los nativos como la protagonizada por el general Custer, congregaban a cientos de personas. El espectáculo de Buffalo Bill alcanzó proporciones inesperadas y llegó a viajar a Europa.

Un buen día, Annie decidió incorporar la bicicleta al espectáculo de disparo. Incluso diseñó su propio traje de montar fijando su falda a sus polainas para evitar que se enganchara a la cadena mientras pedaleaba aferrando su rifle. La prensa comenzó a llamarla *Little Cycling Sure Shot* (La pequeña ciclista de disparo certero) debido a su corta estatura.

La fama internacional la alcanzó en 1887, cuando tuvo ocasión de actuar en el Jubileo de Oro de la reina Victoria en Londres. Cabe imaginar la sorpresa de la soberana británica, defensora a ultranza de los valores conservadores, al contemplar a la viva encarnación de la igualdad entre sexos, disparando a diestro y siniestro con sus cartucheras y su sombrero cowboy. En cuanto a Eduardo, Príncipe de Gales y heredero del trono, invitó a la tiradora a su palco para seguir disfrutando de su presencia. Antes de regresar a casa, el matrimonio ofreció algunas exhibiciones a la realeza europea. Se dice que Annie llegó a disparar a un cigarrillo de la mano del príncipe alemán Wilhelm.

Annie no tardó en descubrir las ventajas de la bicicleta en la vida diaria y buscaba cualquier pretexto para pedalear: hacía recados, daba largos paseos en ella cuando tenía tiempo y planeaba nuevos trucos para su espectáculo.

Cuando vivía cerca de Nueva Jersey, los vecinos solían verla dando un paseo o practicando el tiro contra diferentes blancos. «Estoy encantada con ella. Me gusta tanto como mi caballo», declaró en una ocasión en referencia a su nueva compañera.

En adelante, Annie se acostumbró a demostrar su puntería disparando contra bolas de cristal —que tiraba su asistente al aire—, cabalgando en su lustrosa bicicleta. En 1893, quedó inmortalizada en la fotografía que le tomaron en la *World's Columbian Exposition* en Chicago, Illinois.

En 1901 Annie sufrió un accidente en un choque de trenes, pero logró recuperarse lo suficiente como para seguir ofreciendo espectáculos, rifle en mano, apuntando a la manzana colocada en la cabeza de su perro, o a las piezas de barro lanzadas al aire por los asistentes.

Con cincuenta y tantos años, Annie seguía batiendo récords en concursos de tiro y dejando un reguero de enamorados. Tal vez la razón fue su peculiar forma de reivindicar las capacidades de la mujer sin necesidad de perder la feminidad.

Annie terminó sus días en Cambridge, Massachusetts, colaborando con algunas revistas deportivas y enseñando a mujeres a disparar (ayudó de forma gratuita a varios miles de mujeres a lo largo de su vida). En 1898 envió una carta al presidente McKinley ofreciéndose como voluntaria para organizar un ejército de tiradoras para la guerra hispano-estadounidense, si bien, su oferta fue rechazada.

Llevada por su otra gran pasión: la filantropía, destinó dinero a los enfermos de tuberculosis, apoyó iniciativas para la mejora de la vida de los huérfanos y también dedicó parte de su tiempo a la educación de los jóvenes.

Fue también víctima de difamación por algunos medios a los que demandó por calumnias. Ganó en todos los casos y fue indemnizada con grandes sumas de dinero.

En 1922 sufrió un accidente de coche que le dejó una importante lesión en una pierna. Cuatro años después, tras ser diagnosticada de un trastorno sanguíneo, murió en Greenville, Ohio, habiendo cumplido los 66 años. Su viudo quedó tan afligido que dejó de comer. Falleció dieciocho días después. Siguiendo sus deseos, fue enterrado junto a las cenizas de su amada esposa, aquella mujer que muchos años atrás le había enamorado aceptando su apuesta de cien dólares y venciéndole en puntería.

Annie Oakley siguió siendo una leyenda. Su vida dio el salto a la gran pantalla donde la mismísima Barbara Stanwyck la encarnó magistralmente. Su recuerdo perdura también en los dos libros dedicados a ella donde el sonido de los disparos parece escapar de las páginas.

MAY LILLIE

Un pony y un rifle como regalo de bodas

1869-1936

En 1862 se fundaba a orillas del río Delawere, frontera natural con el estado de New Jersey, la ciudad de Filadelfia, en Pensilvania. Ubicada en un punto intermedio entre Nueva York y Washington D.C., la ciudad es hoy un gran centro histórico, cultural y artístico de los Estados Unidos. Lo cierto es que desde su fundación, Filadelfia acaudilló el amparo de todos aquellos perseguidos por profesar la fe cuáquera. En el siglo XVII, ya contaba con un importante puerto y centro político donde se administraban los asuntos de los colonos y comerciantes que operaban allí. Sus calles y avenidas, que fueron proyectadas en damero —el más antiguo de los Estados Unidos—, albergaban hasta cinco parques que hacían las delicias de los habitantes (inmigrantes ingleses, neerlandeses y franceses, principalmente), atraídos por la prosperidad de aquella urbe, así como por su tolerancia religiosa.

A mediados del siglo XVIII, Filadelfia era la ciudad más poblada de las Trece Colonias británicas fundadas en la costa este, superando incluso a Boston. Con el tiempo, y bajo la influencia de Benjamin Franklin, fue un centro de ideas revolucionarias y un símbolo de desarrollo (allí se creo el primer jardín botánico de América del Norte, se editaron importantes periódicos y se redactó, en 1739, el primer tratado contra la esclavitud). De hecho, se convirtió junto a Boston, en uno de los centros abolicionistas del país.

Para cuando Mary Emma (May) Lillie vino al mundo 1869, Filadelfia ya era un centro de referencia en todo el país, con importantes escuelas, teatros y edificios públicos y privados de relevancia (bancos, hospitales, bibliotecas y cuerpo de bomberos). Por supuesto, las calles estaban pavimentadas e iluminadas con lámparas de gas y en el aire se respiraba el legado de los *Hijos de la Libertad* que habían acaudillado la revolución estadounidense un siglo atrás. Nadie olvidaba que, en las suntuosas salas del Independence Hall, se habían redactado los diez primeros apartados de la constitución estadounidense.

Así pues, May Lillie, lejos de criarse entre las abrasadoras arenas de los pueblos fronterizos, creció rodeada de coquetos jardines y edificios emblemáticos. La guerra de secesión, que había concluido cuatro años antes de que ella naciera, había dejado importantes secuelas, pero el espíritu imperante era de esfuerzo, de trabajo y de progreso, valores que habían levantado el país.

El padre de May, William R. Manning, se ganaba el sustento como médico de cierto renombre. En cuanto a la madre, Mary Manning, poco se sabe de ella, aparte de que se hizo cargo de sacar adelante el hogar, a sus cuatro hijos y atender las obligaciones sociales y causas filantrópicas tan en boga entre las clases acomodadas de la época.

May Manning, quien seguramente asistió a la escuela, al poco de cumplir los 17 años, conoció a Pawnee Bill Lillie, toda una leyenda del tiro al blanco que actuaba en diversos espectáculos a lo largo del país. Ella debió quedar prendada de aquel apuesto *showman* que afinaba la puntería con sus ojos entornados antes de dar en el blanco. Era la antítesis del apuesto abogado con el que la familia habría soñado desposarla. Cubierto de polvo, con un sombrero *cowboy*, largos y tupidos bigotes, melena hasta los hombros, chaqueta de piel de borrego, botas de punta, bandana anudada al cuello y chaparreras de cuero con sus característicos flecos a lo largo de los pantalones, Pawnee Bill Lillie ofrecía la típica estampa del *Wild West cowboy*.

Tras un corto y controvertido noviazgo, ambos comunicaron a los Manning su intención de contraer matrimonio. Ellos, que al principio se echaron las manos a la cabeza y mostraron su desacuerdo, se rindieron a la pasión de su hija y acabaron por bendecir la unión.

El día en que el novio se presentó en la casa de sus futuros suegros con el regalo de bodas para su prometida, la familia y los amigos que habían acudido para festejar el enlace no dieron crédito a sus ojos. Pawnee Bill le hizo entrega de un pony y un rifle de tiro, presagio de la vida que aguardaría en adelante a su joven esposa.

May Lillie fue una de esas mujeres adelantadas a su época en muchos aspectos. Uno de ellos fue la capacidad de sacudirse la educación burguesa y dejar atrás una ciudad que ofrecía todas las comodidades imaginables para abrazar una existencia de aventuras y libertad, pero también de privaciones. Se había propuesto surcar las aguas de los ríos en improvisadas barcazas, vivir la aventura de dormir al raso, charlar en torno al calor de una hoguera, ascender las faldas de las montañas, probar el sabor del maíz recién asado en el fuego y contemplar el espectáculo de las estrellas en el desierto.

Lo que mejor personifica su espíritu fue su meteórica carrera como francotiradora en espectáculos ambulantes repartidos por diversas poblaciones del lejano Oeste. Con su escasa estatura, su melena rizada hasta la cintura, sus ojos lánguidos y su sombrero, ofrecía una estampa irresistible al público congregado para presenciar su espectáculo.

Al poco de haber debutado en 1887, siendo anunciada como «la mejor tiradora del mundo con rifle a caballo», ella y su esposo lanzaron su propio espectáculo al que bautizaron «El Oeste de Pawnee Bill».

«Los hechos, no las palabras, cambian las cosas», dijo en una ocasión la sufragista Violet Mille. En el caso de May Lillie, fue su forma de reaccionar a las adversidades lo que la definió siempre. Cuando en 1889, dos años después de debutar con la escopeta, sufrió un accidente con su rifle, por el que tuvieron que amputarle dos dedos, su carrera como tiradora tocó a su fin. Lejos de recluirse o caer en la depresión, inventó sobre la marcha un nuevo estilo de trabajo y se hizo agente comercial del espectáculo haciéndose cargo de todos los aspectos de la organización del *show*.

Los días de acampada, la maravilla de la frescura de las mañanas, la soledad en los páramos, el ansia con la que devoraban el rancho o disfrutaban de una cerveza en la taberna de un pueblo tras un día de trabajo, eran recompensa suficiente de aquella existencia ambulante, insegura y desposeída. Unir su curiosidad al talento de su esposo, un hombre que encarnaba la libertad, había sido sin duda, una decisión acertada. Nunca hubiera imaginado que la vida fuera tan mágica, tan atrayente, tan imprevisible como resultaba en compañía de aquel hombre.

El espectáculo tuvo gran éxito y resultó más rentable de lo que esperaban. Lillie fue contratando a otros célebres y variopintos artistas: vaqueros mexicanos, malabaristas japoneses y árabes...

En 1907, May había vivido lo suficiente para saber que la felicidad se hallaba en aquella vida errante y deseaba transmitir su mensaje a otras mujeres. Estando de gira en Chicago pronunció un discurso dirigido a un nutrido grupo de ciudadanas. May causó sensación en la repleta de mujeres con su atrevido atuendo. Un atuendo que contrastaba con los vestidos de raso y fino algodón de la concurrencia. May lanzó al aire proclamas e ideas que echan por tierra los principios de las asistentes. Sabía por experiencia que las mujeres eran tan capaces como los hombres de afrontar retos. Habló de libertad, de tomar decisiones propias, de ganarse la vida con lo que uno amaba… Habló del derecho a pensar, a elegir, a opinar… Algunas de sus afirmaciones calaron en las oyentes: amas de casa y esposas abnegadas, viudas respetables, maestras… : «Dejen que cualquier mujer saludable y fuerte haga uso de su valor para enfrentarse a un caballo salvaje y esta no tardará en experimentar uno de los momentos más sublimes que quepa imaginar. No hay nada comparable para despertar la alegría de vivir. Sin duda, disfrutará mucho más así que acudiendo a un salón de té, a cualquier espectáculo de teatro o a una sala de baile».

El matrimonio se estableció en territorio indio pawnee, Oklahoma, en un lugar conocido como Blue Hawk Peak. Allí construyeron una espaciosa vivienda y se hicieron con una manada de búfalos. (El rancho, conocido como Pawnee Bill Ranch sigue aún en perfecto estado y acoge a visitantes que pueden recorrer la mansión de catorce habitaciones. Se halla completamente amueblado y con sus pertenencias originales así como numerosos recuerdos del matrimonio: obras de arte, vajilla y un largo etcétera. La propiedad también alberga un museo con exposiciones relacionadas con Pawnee Bill y la nación pawnee. Los terrenos incluyen la herrería original del rancho, una cabaña de troncos que data de 1903, un granero y un santuario indio.

En 1917 la pareja adoptó un hijo al que llamaron Billy pero que murió en un accidente en el rancho ocho años después. Los años fueron pasando. May permaneció en el rancho mientras su esposo estaba de gira. Allí reflexionó sobre su vida y encontró inspiración para nuevos proyectos. Con el tiempo cobró conciencia de la importancia del búfalo para la herencia del Oeste americano y para la cultura indígena de las llanuras. Dedicó tiempo y esfuerzo a salvaguardar estas tradiciones.

May también participó activamente en Woman's Relief Corps, una institución benéfica fundada originalmente como la organización auxiliar femenina aliada de la organización Hijos de la Unión de Veteranos de la Guerra de Secesión, y fue miembro de otras fundaciones nacionales.

En 1936, ella y su esposo celebraron su quincuagésimo aniversario de bodas en Taos, Nuevo México. Ambos habían sido sobre todo compañeros y amigos que habían compartido un importante trayecto de su vida. Una vida agitada y poco convencional que les abrió los ojos en muchos sentidos. En septiembre de ese año asistieron a una fiesta local en Tulsa, Oklahoma. Mientras conducía de regreso a su rancho esa noche, Gordon perdió el control de su vehículo. May murió como consecuencia de las heridas sufridas en el accidente.

En 2011, May Lillie fue incluida en el Salón Nacional de la Fama por su trabajo, así como por su papel en la preservación del bisonte americano. Sus logros inspiraron en otras mujeres el deseo de perseguir sus sueños.

Mucho tiempo después, cuando miramos atrás y descubrimos a precursoras como ella, podemos adivinar lo que las movió. La aventura y el romanticismo de una era ya desaparecida corrieron por sus venas.

NAN JEANNE ASPINWALL

Cruzando el continente a caballo

1880-1964

Nueva York, 1880. Nan Jeanne Aspinwall viene al mundo en un ambiente familiar humilde. Aquí las oportunidades para que la mujer prospere son escasas. Las defensoras de la igualdad hacen lo que pueden con sus proclamas, pero aquellas que desean labrarse un futuro como empresarias o moverse por el país libremente han de hacer acopio de imaginación y lo que es aún más importante, de grandes dosis de valor.

Los Aspinwall se trasladan a Nebraska. Por aquel entonces la emigración hacia aquellas tierras era inmensa. La casi continua procesión de carros de lona blanca a través de Nebraska coincidía con la estimación de que «entre sesenta y setenta mil personas fueron a las Montañas Rocosas durante el verano de 1860. El 16 de mayo, el Rocky Mountain News informó desde Cherry Creek: "La emigración llega a un ritmo diario de más de 500 hombres y aumenta día a día. Un tal Sr. Hinckly, que acababa de llegar, aseguró haber sido informado de que habían pasado 500 carretas el día anterior y que 11000 lo habían hecho esa primavera"».

Los Aspinwall consiguieron trabajo como dependientes en un comercio en la pequeña población de Liberty. La ciudad, fundada por un colono que decidió crear allí un puesto comercial, había prosperado gracias a la afluencia de trabajadores ferroviarios. Cuando llegan los Aspinwall, Liberty, con una población cercana a los quinientos habitantes, cuenta con tres tiendas de alimentos, una carnicería, un hotel, una oficina de abogados, una ferretería, una funeraria, una maderería y barberías, así como su propio periódico: *The Liberty Journal*.

El sueldo de los padres de Jeanne no da para mucho y Jeanne se ve obligada a tirar de imaginación para salir adelante. Poco se sabe de aquella época, pero en 1899, con diecinueve años recién cumplidos, actúa como bailarina oriental en algunas ferias y espectáculos ambulantes que viajan de pueblo en pueblo. Ni que decir tiene que la «Princesa Omene», con la sinuosidad de sus caderas oscilando de un lado a otro, su melena castaña y el hechizo de unos ojos insinuantes, semiocultos tras un fino velo, encandila a la concurrencia —integrada principalmente por familias de granjeros y ganaderos—. Ella recoge con delectación los aplausos y las monedas que le lanzan los espectadores con el deseo reflejado en sus ojos. Esta ocupación le permite hacer algo poco habitual para una mujer de la época: viajar trabajando.

En algún momento entre 1900 y 1905, Jeanne comienza a aparecer como «Montana Girl», experta amazona y francotiradora que maneja los lazos con la pericia de un avezado *cowboy*. Rubia, con una melena cayendo en cascadas de rizos, un rostro anguloso, más propio de una dama de la alta sociedad británica que del medio oeste americano, la mirada lánguida y el talle de maniquí, Jeanne va enamorando a cuantos ponen su mirada en ella.

Para entonces, Jeanne ya se ha casado con el que será su primer marido, Frank Gable, del que toma su apellido. Ambos viajan y actúan juntos en distintos espectáculos. Para 1913, dirigen su propia producción de vodevil *Gable's Novelty Show*. El apodo *Two-Gun Nan*, (Nan, la de las dos pistolas) con el que se conocerá en adelante a Jean Aspinwall acaba de forjarse.

Frank y Jeanne buscan la forma de darse a conocer y un día dan con la mejor publicidad para lograrlo: Jeanne cruzando los Estados Unidos a caballo.

En septiembre de 1910, Jeanne se embarca en un periplo que le llevará ciento ochenta días, cubriendo más de 7000 kilómetros de tierras semisalvajes entre San Francisco y Nueva York. Detrás del desafío está el avispado marido que viajará en tren para explorar la ruta y promocionar la aventura de su esposa.

Nan Aspinwall buscó un caballo adecuado para su propósito mientras se recupera de una pierna rota a causa de una caída. Por fin, se decide por una yegua pura sangre.

En las semanas previas a su partida desde San Francisco, el periódico *Los Angeles Herald* anunciaba:

«Miss Aspinwall es una amazona experimentada, no solo en los espacios abiertos sino también en los espectáculos del "Salvaje Oeste". Ella confiesa no tener miedo de sufrir un accidente, pero quiere asegurarse un caballo que pueda soportar la prueba sin contratiempos: "Si no encuentro pronto el tipo correcto de caballo", —declaró la señorita Aspinwall ayer en el Lankershim—, "lo pediré al rancho de mi padre en Montana y haré que me lo envíen desde allí. En un viaje como este, debo tener el mejor compañero posible, uno que cumpla el cometido y aún se vea bien cuando llegue a la ciudad de Nueva York. A lo largo de la ruta, tal vez haré algunas exhibiciones de monta, aunque me estoy recuperando de una pierna rota". Jeanne Aspinwall declara tener 24 años (en realidad tiene 30), pero ha vivido sobre la silla prácticamente toda su vida».

El 1 de septiembre de 1910, con el talento apropiado y el valor necesario para enfrentarse a semejante hazaña, Jeanne partió desde el mítico edificio del San Francisco Chronicle a las 12:30 pm, con su caballo, su perro y un arma en las alforjas. Esperaban tormentas y barrizales, cambios bruscos de temperatura exponiéndola al riesgo de congelación, noches de soledad y de agotamiento. Llevaba consigo una carta del alcalde de San Francisco, Patrick H. McCarthy, para ser entregada al alcalde de Nueva York, William J. Gaynor, en Manhattan. Conocidos y curiosos se congregaron allí para presenciar la partida, así como algunos periodistas y fotógrafos ansiosos por inmortalizar la escena.

Dado que aún no se había construido el Golden Gate ni el puente de la Bahía de Oakland, Nan Aspinwall recorrió el Área de la Bahía, con destino a Sacramento. El diario The Sacramento Union publicó ese mismo día lo siguiente: «Nan Aspinwall partió de San Francisco en medio de aplausos de una multitud enfebrecida», detallando sus planes para financiar su travesía con espectáculos y exposiciones.

Nan Aspinwall partió con sólo lo esencial, rechazando suministros adicionales. De vez en cuando enviaban a Nan suministros y ropa extra antes de su llegada a una nueva ciudad. Con pocos mapas o direcciones fiables, Nan siguió principalmente las líneas ferroviarias del Pacífico Occidental con gran éxito hasta que tuvo su primer problema en Nevada. Después de seguir el rastro de un sendero que pensó que era un atajo a través del bosque, Nan se desorientó en las montañas de Nevada a finales del otoño. Anduvo perdida hasta principios del invierno. Como resultado, se vio obligada a pasar largos días sin comida, agua o refugio sola en el desierto, pero logró retomar sus pasos con la ayuda de su yegua.

Continuando hacia el este desde Nevada, cruzó la frontera hacia Utah a finales de octubre, donde el Salt Lake Tribune dio noticia de sus días en las montañas.

LA SEÑORITA ASPINWALL
LLEGA A ZION

Hermosa vaquera completa el viaje de San
Francisco a Salt Lake.
Perdida durante un día en las montañas, sin
comida ni refugio, todavía no se desanima.

«Con cero grados de temperatura, sin refugio en
las montañas desoladas, sin comida para ella ni para
su caballo, la valiente jinete perdió todo sentido de
orientación y durante varios días vagó indefensa en
el laberinto de montañas. No había senderos, y se
vio obligada a caminar y conducir su caballo a través de las montañas buscando en vano un sendero. Cuando llegó a Proctor estaba casi muerta de
agotamiento. Tenía las botas desgastadas y heridas
en los pies. Alcanzó la ciudad desmayándose de
cansancio. Al llegar a Salt Lake, ofrecía un aspecto
lamentable. Sin embargo, llegados sus baúles con
ropa, el sábado por la noche la señorita Aspinwall
fue a la iglesia luciendo un nuevo sombrero Stetson,
una camisa de seda, una elegante falda pantalón y
un par de sólidas botas de montar. Sin duda era la
estampa de una vaquera encantadora y apuesta».

Más tarde, Nan Aspinwall cruzaba las Montañas Rocosas
alcanzando la ciudad de Mitchell, Colorado, donde disparó su
arma como muestra de alegría de estar allí.

En su ruta hacia el este en aquel invierno, hizo una parada en
su antigua ciudad natal: Liberty, Nebraska, en febrero de 1911,

donde el periódico local dio noticia de «la joven del lazo» que había asistido a la escuela en la ciudad durante muchos años.

Nan Aspinwal continuó desde Nebraska hasta Misuri, pasando por Kansas City, y a principios de abril alcanzaba St. Louis. Luego siguieron Illinois, Indiana, Ohio, Pensilvania y Nueva Jersey a donde llegaba en junio. Cabe imaginar el revuelo en las calles por donde ella pasaba. El aire debía rezumar una mezcla de sudor y adrenalina. Las orgullosas esposas, los sorprendidos vecinos, veían pasar a esta jinete procedente de lejanos rincones del país. Nan Aspinwal embarcada en algo impensable para una mujer, formando parte de aquel fenómeno extraño de aventureras dando sobradas muestras de valor e independencia.

En ese momento, había recorrido más de 2500 millas y los medios iban dando cuenta de su aventura anunciando su llegada a las ciudades por anticipado.

En julio de 1911, vestida con su característico atuendo: pañuelo de seda rojo, sombrero stetson, blusa holgada y falda acampanada, Nan Aspinwal llegó a Manhattan siendo toda una leyenda. Había culminado una aventura que muy pocos consideraban posible. Allí entregó la carta que llevaba desde San Francisco al alcalde de la ciudad.

«Una mujer montada en un caballo bayo, congregó a una multitud frente al Ayuntamiento ayer por la tarde», —informaba el *New York Times* el 9 de julio de 1911. «La concurrencia contemplaba a la señorita Aspinwall, que acababa de poner fin a su solitario recorrido a caballo desde San Francisco. Nuestra heroína vivió múltiples aventuras y pasó una semana hospitalizada después de que su caballo resbalara por la ladera de una montaña».

A las preguntas de unos periodistas sobre sus aventuras ella compartió algunas anécdotas: «En una ocasión, cabalgué por la ciudad disparando mi revólver por simple diversión. En otra ciudad, tuve que disparar varias veces contra una puerta antes de que otras balas salieran de ella y se encargaran de mí».

Nan Aspinwal protagonizó su periplo montando a horcajadas (algo nuevo y revolucionario para la mujer) y halló la forma de reavivar la fascinación del país por las rutas a caballo con la mirada fija en el horizonte.

Casi tres décadas después de aquello, seguía hablándose de su aventura. Pero quizás lo más importante, es que Nan Aspinwal demostró que su sueño estaba al alcance de otras mujeres. Para ella, aquella experiencia supuso el punto culminante de una larga carrera como bailarina oriental, francotiradora, experta en lazadas y actriz de vodevil.

En la década de 1930 se volvió a casar. Esta vez con un hombre apellidado Lambell. Con el nuevo nombre de Nan Jeanne Aspinwall Gable Lambell, pasó con él los últimos 34 años de su vida. Se sabe también que montó su propio vodevil y que con el tiempo siguió ganando diversos campeonatos en las artes de lazar, montar y disparar.

Murió el 24 de octubre de 1964 en San Bernardino, California. Su nombre no cayó en el olvido. Algunos investigadores, amantes de los caballos y de la historia del lejano Oeste fueron tirando de la madeja hasta desentrañar aspectos desconocidos de la aventurera. Se halló numerosa documentación que había permanecido oculta tras uno de sus nombres de casada, lo que había impedido identificar a nuestra protagonista.

En la actualidad, la mayoría de los recuerdos de su carrera como bailarina y francotiradora llenan seis álbumes de recortes que se conservan en las colecciones de la Sociedad Histórica del Estado de Nebraska.

En 1958, su leyenda daría el salto a la televisión al aparecer en un programa dedicado a otro célebre personaje de la época: el juez Roy Bean.

Sin duda, la mujer que dio origen al término «cowgirl» y que inspiró a nuevas generaciones con su recorrido transcontinental, siguió manteniendo por mucho tiempo un halo mítico, casi irreal.

Ellen Elliot Jack, estuvo perdida por las minas de oro y plata del Oeste, y luego montó un negocio de turismo.

Annie Oakley: toda una belleza de la época que se hizo célebre por su puntería

Tristemente se fomentó la cacería del búfalo para dañar a los nativos y Dodge City hizo de esta caza su actividad principal. La estampa de su esqueletos y el olor a putrefacción se convirtieron en una estampa habitual por toda aquella región.

Jeanne Aspinwall, cruzó los
Estados Unidos a caballo

Col. W.F. Cody "Buffalo Bill"

Buffalo Bill se ganó el sobrenombre
por haber matado 4.280 búfalos.

Polli Bemis, fue enviada al Oeste como una esclava y
acabó siendo pionera y empresaria.

LAS PESADILLAS
DEL MARSHAL

—————•··•◆•··•—————

*El acto más valiente es pensar por una
misma en voz alta.*

Gabrielle Chanel

ETTA PLACE

Bella y misteriosa

En 1992 Doris Karren Burton, investigadora del Centro de Historia Outlaw Trail de la Biblioteca del Condado de Uintah (Utah), realizó un análisis de una serie de fotografías por ordenador de la famosa forajida Etta Place y las comparó con los de otra célebre mujer: Ann Bassett, conocida como la «reina de los ladrones de ganado», que había mantenido un romance con Butch Cassidy en Utah. La investigación de Burton arrojó unos resultados inesperados: sin lugar a dudas, ambas eran la misma persona.

Etta Place es probablemente la más misteriosa de todas las forajidas del pasado. A juzgar por las imágenes que se conservan de ella, debió ser una de las mujeres más deseables en el Oeste. La Agencia de Detectives Pinkerton —fundada por Allan Pinkerton en la década de 1850[28]—, la describió como una dama dotada de una belleza clásica y delicada. Según las fotografías que se conservan de ella, poseía una elegancia profunda, casi insondable, un cabello de rizos perfectos siempre recogidos, un rostro indescifrable y una seguridad que enamoró

---

28. Pinkerton se hizo famoso al frustrar un complot para asesinar a Abraham Lincoln, quien más tarde contrató a la agencia para su seguridad personal durante la Guerra de Secesión.

a cuantos hombres se cruzaron en su camino. Todo en ella la convertían en una clara candidata para el papel que le tocó representar en la vida.

Se cree que era oriunda de Texas y que nació en 1877. Así lo confirma un registro del hospital de Denver donde recibió tratamiento en 1900, teniendo 22 o 23 años. Su nombre es tan ambiguo como su historia. «Place» era el apellido de soltera de la madre de Sundance Kid, con quien mantuvo una relación sentimental. También se sabe que la agencia Pinkerton la llamó «Ethel» y «Ethal», antes de decidirse por «Etta» en sus carteles de búsqueda. Es posible que su nombre pasara a ser «Etta» después de mudarse a América del Sur, donde los hispanohablantes tenían problemas para pronunciar «Ethel».

Etta Place conoció a la banda de Butch Cassidy trabajando como prostituta en el burdel de Fannie Porter. Fue una de las cinco mujeres a las que se les permitió conocer el escondite de la banda de Cassidy y Sundance Kid, oculto en los desfiladeros del sur de Utah; otra de las afortunadas fue Josie Bassett, una de las jóvenes más cotizadas del burdel, quien durante un tiempo estuvo ligada a Elzy Lay, el mejor amigo de Cassidy; de hecho, cuando este salió de la cárcel tras haber sido arrestado, el bandido inició un corto romance con ella, aunque después se uniría a su hermana Ann Bassett.

Laura Bullion y Maude Davis completan el grupo de amantes de los miembros de la banda. Pero a diferencia de las otras, esta última no los conoció a través del burdel. Era una joven mormona de vida respetable que se cruzó con Elzy Lay cuando este trabajaba para su hermano en la granja familiar, aunque por aquel entonces Elzy ya andaba metido en atracos. Una vez que la familia de Maude conoció la relación de su hija con aquel hombre, se negaron a aceptarlo, no tanto porque fuera un proscrito, sino por el hecho de no ser mormón. Pese a ello, Maude se convirtió en la esposa de un forajido. Al nacer su hijo, ella dejó de seguirlo y se divorció. Después de aquello, se casó varias veces y sobrevivió a cada uno de sus maridos.

Ese fue el complicado círculo de relaciones entre los integrantes de la banda Wild Bunch y sus amantes.

Parece ser que Etta Place estuvo casada con un maestro de escuela, al que abandonó al igual que a sus dos hijos para unirse a Sundance Kid.

Alto, con un aspecto físico que al instante transmitía seguridad, la presencia pesada del granito, los hombros fornidos, los ojos claros y profundos y un bigote que reafirmaba su virilidad, Sundance Kid era uno de esos hombre a los que no parecía fácil intimidar o pillar desprevenido. Etta Place cayó en sus redes en apenas unos minutos.

Todo aquel que los veía juntos, percibía el magnetismo que había entre ellos. Ambos estaban destinados a convertirse en una leyenda. Ella no dudó en seguir al hombre que le había robado el corazón y era a todas luces, el motor de su vida. No importaban las dificultades que encontraran. Él parecía pensar: «Nos hemos encontrado y nos apagaremos juntos como dos estrellas predestinadas en el Universo». Etta pasó a ocupar la primera posición en la lista de prioridades de Sundance Kid. Ambos forjarían su amor al cobijo de diversos destinos, un amor cosechado en límpidos atardeceres, en noches tibias, en mañanas en las que querían seguir durmiendo para postergar el momento de la separación.

Etta Place descubrió que era él quien se erigía siempre en el centro de cualquier reunión y que tendría que aprender a vivir con un hombre dominante. Fue así como empezaron a compartir una vida de fechorías, con ardor por parte de él, con fascinación por parte de ella, una vida que duraría largos años. Una vida marcada por un ir y venir, con días cargados de peligro y también de romanticismo. Cada asalto, cada fechoría, abría un abismo de emociones entre ellos. Él le guardaba las espaldas a su compañera, siempre atento a sus movimientos. Etta le seguía galopando liviana y etérea, como una sombra perseverante y fiel.

En febrero de 1901, después de deambular por diversos estados protagonizando sonoros delitos, la pareja decidió poner tierra de por medio durante un tiempo y viajó a Nueva York. Allí visitaron a amigos, cenaron en restaurantes, pasearon por las avenidas principales y compraron un reloj de cadena y un broche en la prestigiosa joyería de Tiffany. También posaron para un retrato en un estudio situado en Union Square en Broadway. Es una de las dos únicas imágenes que se conservan de ella.

Poco después zarparon rumbo a Buenos Aires. Allí se instalaron con dos amigos de Sundance Kid en un rancho que habían comprado en la provincia de Chubut, al suroeste del país. Se les concedieron quince mil acres de terrenos para cultivar y explotar, dos mil quinientos de los cuales pasaron a ser propiedad de Etta Place. De esta forma, se convirtió en la primera mujer en Argentina en registrar tierras a su nombre.

Los viajes prosiguieron. Disfrutaban de la libertad de la que habían hecho bandera. Regresaron varias veces a los Estados Unidos, donde la agencia de detectives Pinkerton siguió su pista hasta Texas. Sin embargo, no lograron arrestarlos antes de que pusieran pies en polvorosa y regresaran a Argentina.

A principios de 1905 decidieron vender el rancho, ya que una vez más la ley les pisaba los talones. Los agentes de la agencia asignados a su caso conocían su paradero, pero la temporada de lluvias impidió que viajaran hasta allí. La pareja logró huir a Bariloche, donde ambos se embarcaron en un vapor con destino a Chile.

Las fechorías no acabaron. Etta y Sundance Kid participaron en el robo del Banco de la Nación en Villa Mercedes, al oeste de Buenos Aires. Perseguidos por agentes locales, cruzaron la Pampa y los Andes y nuevamente entraron en Chile.

Los años fueron pasando y Etta Place empezó a hastiarse de aquella vida errante y enfebrecida. Se sentía atrapada como una mosca en la tela de una araña. Además, lamentaba la pérdida de su rancho. A petición suya, Sundance Kid la acompañó a San Francisco, donde ella decidió quedarse. No se volverían a ver. Aquel hombre con el que había compartido su vida, que le había hecho sentirse hermosa, fuerte y, más que ninguna otra cosa… deseada, quedó para siempre atrás. A partir de entonces, ella desapareció sin dejar rastro.

El misterio siguió rondando a Etta Place. Un informe de Pinkerton afirma que una mujer que coincidía con su descripción murió en un tiroteo resultante de una disputa doméstica con un hombre llamado Mateo Gebhart en Argentina, en marzo de 1922. Otro informe asegura que se suicidó en 1924.

Algunos creen que regresó a Nueva York, mientras que otros sugieren que regresó a Texas, o incluso a Denver, donde trabajó como maestra de escuela. Otra historia la sitúa en Oregon y otra en Texas…

El investigador Larry Pointer, autor del libro *En busca de Butch Cassidy*, escribió que la identidad y el destino de Etta Place «son y seguirán siendo uno de los misterios más intrigantes que siguen sin resolverse». «Las pistas —asegura—, afloran, sólo para disolverse de nuevo en la ambigüedad". No podía ser de otra forma, tratándose de una mujer como ella.

BELLE STARR

«Se busca»

1848-1889

Misuri, donde nace Myra Maybelle Shirley era uno de esos estados donde la vida tenía poco valor en una época en la que el revólver dominaba gran parte del centro y del oeste de los Estados Unidos. En el siglo XVIII los franceses habían fundado en Misuri un puesto comercial (San Luis), que sería escenario de numerosas contiendas con los nativos hasta pasar a manos españolas. Tiempo después, cuando los franceses recuperaron el territorio, acabaron vendiéndoselo a los Estados Unidos bajo la presidencia de Jefferson. Su ubicación lo convirtió en el punto de partida de los exploradores y aventureros dispuestos a probar suerte como colonos. De hecho, Misuri, que fue incluido como estado en 1821, era conocido con el sobrenombre de «la Puerta al Oeste». Sus geografías encierran nombres tan épicos como el río Misisipi, el Misuri, o la célebre ciudad de Kansas City.

Nada auguraba el destino reservado a Belle Maybelle Shirley, nacida en la ciudad de Carthage, Misuri, en 1848. Sus padres, asentados en aquellas tierras desde una década atrás, habían prosperado como granjeros hasta llegar a administrar establos, tabernas y diversos alojamientos en la zona. La vida sonreía a aquel matrimonio con cinco hijos. De hecho, Belle Maybelle, tras estudiar música, lenguas clásicas y piano prometía llegar a ser una joven digna de un hombre respetable. Con su melena hasta la cintura, su rostro en forma de óvalo y su nariz helénica, Belle podía elegir como esposo a cualquiera de los prometedores jóvenes del estado. Solía hacer largas escapadas con su hermano Bud con lo que aprendió desenvolverse en plena naturaleza.

La Guerra Civil trastocó radicalmente aquella vida privilegiada.

En 1864, tras la muerte de Bud, alistado en el ejército confederado, la familia se trasladó a la pequeña población de Scyene, Texas, (hoy un barrio del este de Dallas), donde Belle prosiguió con sus estudios. Las veladas en el hogar de los Shirley resultaban poco convencionales. En ocasiones, recibían la visita de amistades no siempre respetables. Ese fue el caso de Jim Reed, un viejo amigo de la familia que quedó atrapado por aquella joven de diecisiete años, con ojos negros como el betún, amazona consumada y hábil con las armas de fuego. Aquella era sin duda la mujer con la que había esperado compartir su vida. Era tan evidente el amor que ambos se profesaban que al poco tiempo se concertó su matrimonio. Aquella decisión supuso la antesala de lo que Belle viviría hasta el final de sus días.

El matrimonio se trasladó a Misuri, donde dos años después nació su primera hija, a la que bautizaron Rosi Lee pero a la que Belle se acostumbró a llamar «Pearl». Por aquel tiempo, Jim trabó amistad con un delincuente llamado Tom Starr, y no tardó en participar en algún que otro robo de ganado y venta ilegal de *whisky*. Era dinero fácil. Cuando se puso precio a la cabeza de Jim (además de por el robo de ganado Jim fue acusado de un asesinato), la familia huyó a California. Allí nacería su segundo hijo, James «Ed» Edwin.

Las cosas no mejoraron y tuvieron que mudarse de nuevo, esta vez a Texas, a principios de 1870. Más tarde se dirigieron a territorio indio. Belle no tuvo más remedio que aceptar aquella vida vagabunda con la amenaza de una emboscada siempre acechando, adaptándose a lugares nuevos, dejando atrás lo que ya conocía para lanzarse a una nueva y peligrosa aventura. No había reglas, pero a cambio, tampoco impedimentos. Belle aprendió a no hacerse preguntas, a no quejarse, a moverse al compás de su esposo.

A aquellas alturas, el precio por la captura de Reed se había disparado por lo que a su incierta suerte se sumó la amenaza de ser traicionado por alguno de sus conocidos. Cuando Jim protagonizó un asalto a una próspera familia junto a otros dos secuaces, haciéndose con el botín de treinta mil dólares, se sospechó por vez primera de la presencia de Belle en aquellos delitos.

Si había algo con lo que Belle no estaba dispuesta a transigir era otra mujer en la vida de su esposo. Cuando él se enredó con una dama llamada Rosa McCommas, Belle rompió su matrimonio.

Reed continuó asaltando diligencias, robando caballos y ganado, hasta que fue localizado por el agente de la ley, John Morris, un antiguo amigo suyo que, sin que él lo supiera, había sido nombrado *sheriff*. Un día de agosto de 1874, Morris que había seguido el rastro de Reed hasta dar con él en la ciudad de Paris, Texas, le disparó matándolo al instante.

Belle pasó gran parte de su tiempo en Dallas, una ciudad en auge en la década de 1870 como centro ferroviario y comercio de rebaños de ganado. Incluso sin estar con Reed, se metió en algunos problemas, siendo acusada de robo de caballos en 1878. Después de que se presentaran demasiadas denuncias contra ella, el condado de Collin la instó a abandonar el estado.

Vendió el rancho y cabalgó hasta Oklahoma con un grupo de forajidos. Cada día se subía a la grupa de su caballo y se dejaba llevar por lo que le deparara el destino. La prensa atribuyó a la «Amazona del salvaje Oeste» —como la bautizó un periódico— numerosos amantes, entre ellos, los forajidos Bruce Younger y John Middleton. Para ella, las aventuras y el romanticismo se daban la mano.

En 1880 la «Reina de los Bandidos», como también era conocida Belle, se casó con Sam Starr, hijo de Tom Starr, en una ceremonia tribal en territorio de la nación cherokee. Ella era nueve años mayor, pero ambos supieron obviar la diferencia de edad en aras de una vida en común. La pareja reclamó mil acres de tierra al oeste de Fort Smith, Arkansas, que Belle llamó Younger's Bend, en honor de las hazañas de la banda de James Younger. Como sus amigos siempre se metían en algún tipo de problemas, la casa de Belle fue un escondite para invitados como Jesse James. Incluso ella asistía a sus reuniones de planificación y también participó en algunos robos de caballos, pero la mayor parte del tiempo se limitaba a organizar los asaltos y el contrabando.

Un día de 1883 los agentes de la ley se presentaron en Younger's Bend, arrestaron a Belle y a Sam, y los condujeron a Fort Smith a la espera de juicio. Tuvieron la desafortunada suerte de ser juzgados por Phantly Roy Bean, apodado «el Juez de la horca» por haber sentenciado a ochenta y ocho personas a esta pena.

Roy Bean, cuya soga causaba estragos en la entonces reserva amerindia de Fort Smith (Arkansas), era dueño de un *saloon* en una ciudad llamada Langtry situada en un peñasco sobre Río Grande, al suroeste de Texas, y en el que celebraba los juicios. Este hombre, tan filibustero como los acusados a los que ajusticiaba, se hacía llamar a sí mismo *«The Law West of the Pecos»* («La ley al oeste del Pecos»). Su historia se hizo célebre por su amor platónico por una actriz británica (Lillie Langtry), a partir de unas fotos publicadas por la prensa. Bautizó su local *Jersey Lily* (nombre artístico de la actriz), colgó un cartel de miss Langtry detrás del mostrador donde él mismo despachaba licor, impartía justicia y contaba historias, como la de haber puesto a la ciudad el nombre de la actriz. Su figura sería inmortalizada en la gran pantalla nada menos que por Paul Newman.

Debido quizás al encanto femenino de Belle Starr, tanto a ella como a Sam se los condenó a prisión en lugar de ser conducidos a la soga, por lo que Belle cumplió nueve meses en Michigan.

Tras su liberación, Sam Starr volvió a las andadas. Tanto él como Belle fueron nuevamente acusados de robar caballos. Las cosas no fueron mejor. Un día de 1886, Sam montaba en la mejor yegua de Belle, cuando le salieron al paso un grupo de cuatro hombres liderados por un viejo enemigo, un policía indio llamado Frank West. La yegua fue matada a tiros y una bala rozó la cabeza de Sam. Este, tras lograr arrebatar una de las armas de West, salvó el pellejo por los pelos a lomos de otro caballo. Belle le indujo a entregarse a las autoridades estatales en vez de a las tribales. Pensaba que así tendría más posibilidades de ser absuelto o conseguir una fianza, como así fue. Pero a finales de ese mismo año, la muerte le esperaba emboscada en un tiroteo que protagonizó con otro policía indio. Aquel aciago día, fueron muchos los que brindaron por el final de quien había mantenido en jaque los bancos, los comercios, el ferrocarril e incluso a las familias adineradas. Se intercambiaron palabras de celebración, los más osados, se acercaron hasta donde estaba el cadáver para comprobar por sí mismos que aquel legendario bandido se batía definitivamente en retirada.

Bell Starr se sintió sola por vez primera, sus actos durante los últimos años habían girado en torno a aquel compañero que la había hecho feliz de mil formas diferentes. La suya había sido una relación colmada de dicha. Los recuerdos dinamitaron su ánimo durante un tiempo, pero la vida seguía su curso. Nada iba a restarle sus ganas de vivir. De una manera u otra, hallaría la forma de pasar página.

Pocas semanas después conoció a Jack Spaniard, otra de esas figuras montaraces atrapadas por el encanto del dinero fácil y la libertad. Durante un tiempo compartieron correrías teniendo como telón de fondo los escarpados cañones de Texas, las vías del ferrocarril, las poblaciones bañadas por el cauce del Pecos y el indomable territorio indio. Apenas tuvieron tiempo de habituarse a aquella vida en común. No mucho después de unirse, Spaniard disparó y mató a un mariscal estadounidense y fue detenido, juzgado y ahorcado por asesinato. La muerte parecía perseguir a Belle Starr que milagrosamente lograba esquivarla una y otra vez.

Ella siguió arrastrando una existencia de la que era incapaz de escapar. La silla de montar, las alforjas de cuero, la taza y el platillo de hojalata, la carne enlatada, y una buena provisión de munición era cuanto necesitaba. A lo largo de aquellos años había aprendido que el hogar era el sitio donde uno acampaba, ya fuera una guarida improvisada en una quebrada o en una recóndita cabaña. Todos los lujos que pudiera desear cabían en los cuatro metros cuadrados de una tienda o bajo un árbol. Un buen fuego, un puchero con humeante café, un trozo de crujiente tocino, su silla de montar como almohada y una manta. Se sabía predestinada a aquella existencia errabunda y poco convencional. Era libre para decidir y moverse a su antojo. De hallar calor en las frías noches con el hombre que quisiera. De esta forma, mantuvo amoríos con los forajidos Jim French y

Blue Duck, y siguió enfrentándose a cargos como el de facilitar la huida de algunos bandidos o participar en algunos asaltos.

Después de la muerte de Sam Starr, Belle estuvo a punto de perder sus derechos de reclamar las fincas que ambos habían adquirido en territorio indio, pero pudo evitarlo contrayendo matrimonio con Bill July, el hijo adoptivo de su suegro Tom Starr. Aquel terreno en mitad de la nada era lo único que le hacía sentirse conectada, o mejor dicho, unida, a la tierra que tanto amaba. Cada amanecer en aquel lugar, resultaba agradable contemplar desde la pequeña abertura de su tienda cómo el cielo se volvía púrpura y el mundo se abría paso a un nuevo día con el cotidiano sonido de las monturas sobre el suelo apelmazado.

Un domingo de febrero de 1889, dos días antes de cumplir 41 años, Belle fue a Fort Smith. Después de hacer unas compras y visitar unas amistades emprendió el regreso a casa, pero en el camino fue emboscada recibiendo un tiro. Después de caerse del caballo, recibió otro disparo. Falleció debido a las heridas de bala que encontraron en su espalda, en el cuello, el hombro y la cara. La leyenda afirma que le dispararon con su propia escopeta de doble cañón.

Su muerte fue siempre un misterio. Hubo varios sospechosos, entre ellos su esposo e incluso alguno de sus hijos con los que siempre había mantenido fuertes discusiones. Pero nunca se imputó a alguien por el crimen.

Fue enterrada en Younger's Bend. En su lápida, encargada por la mismísima Pearl Hart con las ganancias de su burdel, estaba grabada una campana, un caballo y una estrella, junto con el epitafio: «No derrames por ella una amarga lágrima, ni un vano arrepentimiento; Es sólo el ataúd lo que yace aquí. La gema que lo llenó aún brilla». Su tumba fue destrozada poco después de su entierro, pero el actual propietario la restauró en 2010.

Un año antes de su muerte el periódico *The Fort Smith Elevator* publicó estas palabras pronunciadas un día por Belle Starr: «Me considero una mujer afortunada por lo mucho que he visto de la vida».

El sonido de la pólvora, las huidas a todo galope, las alforjas repletas de dólares y las noches de acampada forman parte de la existencia que Belle Starr eligió al enamorarse de un hombre que la arrastró a una vida de peligros y también de excitación. Con sus botas altas, su traje de cuero y sus pistolas al cinto, listas para ser desenfundadas, Belle Starr encarna la imborrable estampa de otra época.

PEARL HART

Salteadora y vividora

1871-1955

S e conserva una fotografía en la que Pearl Hart, siendo una adolescente, sostiene un rifle en sus manos. Un ajado pantalón de peto remetido en las botas de cuero, una camisa abotonada hasta el cuello y un sombrero de ala, integran el resto de su vestimenta. El cabello, recogido bajo el sombrero, el rostro curtido y la mirada destilando seguridad, contribuyen al conjunto irreverente de una joven de otra época. Una joven descarada, que domina el manejo de las armas, que se asoma a la madurez sin haber abandonado aún la adolescencia y por cuyas venas corre la rebeldía. Pearl Hart está en ese momento de la vida en el que uno brilla con más intensidad, casi corta el aliento con su aire insolente y bohemio. Podría haber inspirado una de esas canciones del viejo Oeste tipo: «Oh My Darling, Clementine», pues Pearl Hart conquistó corazones allá por donde cabalgó.

Pocas mujeres han desfilado de forma tan evocadora por el *Wild West*. Pocas han llenado las páginas de su vida con notas tan sugestivas. Sus pasos tuvieron siempre un ritmo propio, genuino. Forajida llevada por el viento a lugares lejanos, salteadora de diligencias, madre desapegada, amante, cocinera, cantante, prostituta, esta aventurera nacida en Ontario, Canadá es una figura que rompe todas las normas.

243

¿Qué le lleva a una niña de padres religiosos y adinerados, educada en un internado y con la vida asegurada a elegir una existencia de delitos y fechorías? ¿Fue tal vez el hecho de haberse enamorado a los 16 años de un libertino, borracho y jugador lo que marcó su destino? ¿Fueron los ambientes cargados del olor del humo de los cigarros los que embrujaron su espíritu? ¿O fue acaso su sed de libertad lo que la llevó a dejar a sus hijos al cuidado de su madre y a abandonar a su esposo para lanzarse en brazos de la aventura?

Casada a los 16 años con un joven llamado Hart, que desde el primer momento mostró a Pearl haber tomado una mala decisión, ella rompió con su marido abusador en numerosas ocasiones solo para reconciliarse de nuevo y en medio de todo ello dar a luz a dos hijos, Little Joe y Emma. En 1893, la pareja viajó a Chicago, Illinois, que acogía una feria mundial, la Chicago World's Fair, que tuvo lugar entre mayo y octubre para celebrar el 400 aniversario de la llegada de Cristóbal Colón al Nuevo Mundo. Chicago había ganado el concurso para albergar el certamen, frente a varias ciudades competidoras, incluidas Nueva York, Washington D.C. y St. Louis. Ni que decir tiene que se trataba de un evento social y cultural de primer orden que tendría un profundo efecto en la arquitectura y en la imagen de Chicago. Gentes influyentes y adineradas recorrían el recinto cada día, con los bolsillos repletos de monedas, las joyas refulgiendo en el escote y las manos de las damas… Aquello era una provocación para un tipo como Hart, que había sido contratado para hacer publicidad vendiendo las entradas de algunos espectáculos. Hart no desaprovechó la ocasión para robar algún dinero. Ella, mientras tanto, encontró trabajos ocasionales. Más tarde, estando en Illinois, Pearl quedó cautivada por los espectáculos del Lejano Oeste y, especialmente, con Annie Oakley, a quien vio actuar.

Luego las cosas fueron llegando rodadas. Después de separarse definitivamente de aquel holgazán y perdedor, Pearl tomó un tren con destino a Trinidad, Colorado, donde sobrevivió actuando como cantante en un *Saloon*. A partir de ahí trabajó sirviendo comidas en los atiborrados salones de Ohio, siguió cantando, lavó ropa y completó sus ingresos vendiendo su cuerpo al mejor postor. Trabajos duros, mal pagados, pero con los que fue abriéndose paso. Luego, su presencia fue cada vez más reclamada entre los vividores, jugadores y forajidos habituales en aquellos locales. Hombres como el pianista Dan Bandman con el que Pearl convivió durante un tiempo y tantos otros con los que mantuvo escarceos amorosos.

En 1899, habiendo cumplido los 27 años, Pearl Hart ya estaba lo suficientemente curtida como para dar el gran paso. Se hallaba en la ciudad minera de Mammoth, Arizona, apenas un pueblucho donde trabajaba como cocinera en una pensión por un sueldo mísero. Como ocurre a menudo, todo comenzó con un robo menor: atraer a hombres a su habitación, tras lo cual los dejaba inconscientes y los desvalijaba.

Eran tiempos en los que el riesgo de ser ahorcado o morir linchado estaba a la orden del día. Es célebre el caso de Ellen Liddy Watson, conocida como Cattle Kate. Trabajaba como cocinera en el hotel Rawlins House (Wyoming), cuando conoció a James Averell con quien se casó poco después. Averell estaba en proceso de comprar una propiedad, cuando ella decidió poseer también su propia tierra. Por aquel entonces era ilegal que una misma familia tuviera más de una propiedad, por lo que Ellen compró un terreno con nombre falso. La compra enfureció a sus vecinos, alguno de los cuales había estado usando la tierra para su propio ganado. Entonces comenzó una disputa que se intensificó cuando Ellen cercó su terreno instalando allí su propio ganado. Una turba irrumpió en la vivienda acusando a Ellen de ladrona. Ambos fueron ahorcados en 1889 por los vecinos que les acusaron de ladrones de ganado. Hoy se sabe que su asesinato fue injustificado y el resultado de un abuso de poder por parte de terratenientes y ganaderos llevados por la codicia.

Volviendo a Pearl Hart, vio la ocasión de animarse a participar junto a un tal Joe Boot en el asalto de una diligencia que viajaba entre las poblaciones de Globe y Florence, Arizona. Ella se cortó el pelo, se vistió con ropa de hombre y se hizo con un revólver calibre 38. Nadie que la viera podría afirmar que se trataba de una mujer. Mientras Boot asaltaba al conductor, ella limpiaba los bolsillos de los pasajeros. Las cosas salieron a pedir de boca y el botín resultó tan jugoso que la arrastró a aquel tipo de vida. A ella le correspondieron lo que hoy equivaldrían a más de quince mil dólares. ¿Cómo resistirse a ello, pensaba, mientras se alejaba al galope en su caballo por el cauce del río San Pedro pletórica de adrenalina? Tras el golpe, el conductor de la diligencia desenganchó un caballo y cabalgó para alertar al *sheriff* W. E. «Bill» Truman, quien se hizo la promesa de dar con ellos algún día.

Aquella experiencia llevó a Pearl Hart a perfeccionar el uso del revólver, a afinar la puntería, a saber cómo escapar de los agentes de la ley, a deambular en compañía de otros delincuentes con el pañuelo cubriendo la mitad de su rostro. Siempre se mostraba abierta a cualquier plan que garantizara un buen botín o que mereciera la pena ser vivido. Había escogido el oficio ideal para poder explorar sus posibilidades como persona audaz, osada y atrevida.

Una de aquellas noches, ella y uno de sus compinches fueron sorprendidos durmiendo y cayeron en manos de la justicia. Para entonces, la fama de Pearl Hart ya habría llegado a las principales poblaciones de Arizona y la expectación durante el juicio que siguió a su detención no se hizo esperar. Pearl Hart dejó enmudecido al público que observaba a aquella joven porfiada y hermosa en la silla de los acusados.

Tras ser declarada culpable, Pearl fue trasladada a Tucson. Allí ingresó en una cárcel que lógicamente carecía de instalaciones mínimas para una mujer. Es lógico que la prensa acudiera en tropel para retratar y entrevistar a aquella celebridad. Una de las escasas mujeres en optar por una vida de forajida. En otras palabras, uno de esos fenómenos que surgen solo de vez en cuando. El carisma formaba parte de su ADN y tal vez por ello el artículo publicado por Cosmopolitan aseguraba que el aspecto de Pearl era «justo lo contrario de lo que se esperaría de un salteador», aunque, «cuando está enojada se le marcan líneas duras en torno a los ojos y la boca». Los lugareños también acudían para conocerla, uno de ellos, incluso le dio un cachorro de gato montés para que lo tuviera como mascota.

Pearl pasó poco tiempo entre rejas. Aprovechando el débil material de construcción, y posiblemente con la ayuda de un asistente, logró escapar dejando tras ella el recuerdo de un agujero en la pared. Tras aquello siguieron nuevas fechorías, nuevas persecuciones, detenciones y nuevos juicios. El jurado, presa de su atractivo, de sus súplicas por la clemencia y de su ingenio fue incluso indulgente y en una ocasión la declaró inocente. Sin duda, Pearl Hart tenía la capacidad de influir en las personas.

Y así fue conociendo nuevos presidios, lugares como la prisión territorial de Yuma donde cumplió íntegramente la sentencia y cuya dureza en las condiciones de vida contribuyeron a la indignación pública por el maltrato a las reclusas.

Con los años fue apagándose como una estrella en declive. El tiempo y la vida en las cárceles fueron haciendo mella en ella. Tal vez en un nuevo intento por reinventarse, después de los últimos 18 meses en prisión, se estableció en Kansas City donde dirigió una tienda de cigarros, pero fue arrestada por recibir y comerciar con productos robados. En aquella ocasión el alcaide, consciente de la atención que ella atraía, la recluyó en una celda de gran tamaño en la ladera de una montaña que incluía un pequeño patio. Se le permitía recibir a los periodistas y curiosos, así como posar para los fotógrafos. Allí mantenía puntualmente informada a la prensa de su día a día, concedía entrevistas para hablar sobre su pasado, enamoraba a los carceleros que le ofrecían la cena. Ella usó su posición como única mujer en un centro para hombres a su favor. Su liberación llegó en forma de indulto a finales de 1902 por parte del gobernador territorial de Arizona, y hubo rumores de que ella y el alcaide eran amantes.

Su vida a partir de entonces fue un misterio. Pearl Hart desapareció de la escena. Se sabe que participó en un programa de corta duración en el que recreó algunos de sus crímenes más renombrados y también narró los horrores de algunas prisiones. En 1940 algunos afirmaron haberla visto en Arizona viviendo en compañía de un desconocido con el que se había vuelto a casar.

La mujer que había encabezado la lista de los forajidos más buscados durante un tiempo, inspiró a artistas y escritores e incluso obras de teatro. La banda de rock danesa Volbeat tiene en su repertorio una canción titulada *Pearl Hart* en el álbum *Outlaw Gentlemen & Shady Ladies*, lanzado en 2013. Imposible olvidar a esta heredera de un estilo de vida tan propio del salvaje Oeste.

ROSE DUNN

La Rosa Cimarrón

1878-1955

L a figura de la Rosa Cimarrón se dio a conocer por vez
primera en 1915, en un libro con cubiertas rojas y titulado *Oklahoma Outlaws*. El libro fue escrito por un periodista a partir de información proporcionada por Bill Tilghman,
un respetado legislador de Oklahoma en la década de 1890.

Los derechos de la obra se vendieron para llevar a la pantalla
la vida de su protagonista con el título *Passing of the Oklahoma
Outlaws,* y en cuyo guion participó también Tilghman. Tanto
en el libro como en la película que narra el célebre tiroteo que
tuvo lugar en la ciudad de Ingalls[29] entre trece agentes de la ley
y seis miembros de la banda del Bill Doolin, la Rosa Cimarrón
hace una clamorosa aparición saliendo de un hotel con un rifle
para correr a través de una lluvia de balas hacia su amante herido, el forajido Bitter Creek Newcomb. Esta historia se plasmó
también en algunos libros durante los siguientes 37 años.

La verdadera identidad de la Rosa Cimarrón nunca fue reve-
lada en los últimos años de vida de una respetada ciudadana de
Oklahoma que había dejado atrás un mundo de persecuciones y
delitos. En el libro *Desperate Women* (Mujeres Desesperadas) publicado en 1952, el autor James D. Horan, reveló que su verdadero

---

29. Ciudad en el condado de Gray, en el estado de Kansas.

nombre era Rose Dunn, hermana de cuatro varones que vivían cerca de Ingalls y que durante un tiempo fueron a la vez bandidos y agentes de la ley. Esta es su historia.

Uno de los más buscados forajidos del Oeste fue George Newcomb, más conocido por su apodo «Bitter Creek». Durante un tiempo fue uno de los integrantes de la conocida banda de los Hermanos Dalton, temidos por sus asaltos a trenes, a diligencias y a bancos.

Newcomb, tras un par de años con los Dalton y ser señalado por uno de los hermanos como alguien «demasiado salvaje», decidió crear su propia banda (la banda Wild Bunch), junto con Bill Doolin y otros nueve hombres que serían llamados «Los Forajidos de Oklahoma». El grupo fue conocido por su extrema violencia así como por los largos abrigos negros (guardapolvos) que vestían sus integrantes. Casualmente la banda de los Dalton fue asaltada poco después en su escondite y todos sus miembros fueron asesinados (excepto uno de ellos) en Coffeyville, Kansas.

Entre los primeros golpes de Wild Bunch se encuentra el fallido robo de un tren en Adair, Oklahoma, en julio de 1892, en el que dos guardias y dos pasajeros, ambos médicos, resultaron heridos. Uno de los médicos moriría al día siguiente.

Fue en esa época cuando Bitter Creek conoció a una adolescente de 14 años (él tenía 27) llamada Rose Dunn, que vivía con sus padres en la ciudad de Ingalls, cerca del río Cimarrón, un lugar conocido como centro de reunión de algunos forajidos. Desde niña había visto cómo sus dos hermanos mayores habían optado por una vida al margen de la ley para escapar de la pobreza. Fue gracias a ellos que conoció a Bitter Creek. El encuentro se produjo en un momento en el que Rose ya era una fruta madura para unir su destino a un hombre como Bitter Creek. Desde el momento en que Bitter Creek la conoció, supo que aquella jovencita sería suya. A ella no le importó ser arrastrada por las sendas de la delincuencia por aquel hombre alto, imponente, con un botín de sonadas aventuras. Él, con su poblado bigote, su mirada penetrante y la fuerza de su personalidad, fue un irresistible imán. Ambos mantendrían una apasionada relación sentimental durante dos años.

Rose tuvo que aprender a marchas forzadas a disparar y galopar. Ella y Bitter Creek formaban una pareja perfecta. La dulzura de ella y la rudeza de él creaban un mágico binomio. Rose le observaba y admiraba. Él se esforzaba en protegerla, en instruirla. Algunos historiadores han apuntado al paralelismo con la historia de los famosos «Bonnie & Clyde», pero, claro, salvando las distancias.

El grupo a menudo se refugiaba en Ingalls, frecuentada por bandas de delincuentes a quienes los vecinos ocultaban de los agentes de la ley, pues contribuían a su maltrecha economía local. En un célebre tiroteo que tuvo lugar en esta población y que ha pasado a la historia como la batalla de Ingalls, tres agentes de la ley y tres forajidos se enfrentaron (entre ellos Bitter Creek). Se cree que Rose Dunn ayudó a salvar la vida de su amante cuando este resultó herido, corriendo a través del tiroteo para llevarle municiones al tiempo que disparaba a los alguaciles. Tras el enfrentamiento, Bitter Creek y sus hombres lograron huir y ocultarse por un tiempo.

El azar decidió por la pareja cuando los hermanos de Rose optaron por dejar atrás el mundo de la delincuencia para trabajar como cazarrecompensas, un oficio muy demandado por aquel entonces. El 2 de mayo de 1895, los dos hermanos Dunn cabalgaron hasta el rancho familiar. Tan pronto como desmontaron, abrieron fuego y derribaron a Bitter Creek y a su compañero Charley Pierce. Al día siguiente, cargaron sus cuerpos en su carro y se dirigieron a Ingalls para recoger la recompensa. De repente, Bitter Creek gimió y pidió agua, a lo que uno de los hermanos respondió con otra bala. La recompensa para quien lo atrapara, vivo o muerto, era la nada despreciable cifra de cinco mil dólares.

Se ha especulado sobre la complicidad de Rose para repartirse la recompensa con sus hermanos. En cualquier caso, ahí terminó su romance.

El destino fue inmensamente generoso con Rose Dunn que pudo reinventarse como persona. Tiempo después contrajo matrimonio con un político con el que se trasladó a vivir lejos de Oklahoma, para escapar de la fama delictiva que arrastraba como una de las diez forajidas más célebres del Oeste.

Como ocurre con otras historias donde uno de los cónyuges brilla con mayor intensidad, Rose Dunn eclipsó la figura de su esposo, del que apenas se sabe nada, como lo había hecho con su anterior compañero. Por una de esas ironías de la vida, sus últimos años transcurrieron del modo convencional del que siempre había huido. Tal vez durante aquel tiempo añoró aquellos amaneceres en los que el campamento comenzaba a agitarse, se encendían las hogueras y el familiar silbido de las cafeteras despertaba a los compinches que aún dormían. Aquellos días de aventuras en compañía de hombres que amedrentaban con su apariencia. Fieros, oscuros, de rostros audaces. Todos ellos, incluida la propia Rose Dunn, que siguió llevando el pelo corto y ropas de hombre durante aquellos lejanos años, ofrecieron el aspecto más salvaje que se hubiera visto en muchos kilómetros a la redonda.

Rose Dunn falleció en 1955 a la edad de 76 años en Salkum, Washington, como la Sra. Richard Fleming. Tras su muerte, su viudo declaró a un entrevistador que había conocido a Rose por primera vez en un baile celebrado en Ingalls cuando él tenía

17 años y ella 16. «La primera vez que oí que se referían a ella como Rosa de Cimarrón fue en 1895, poco después de que llegara a Oklahoma. Era una excelente amazona y conocida de algunos bandidos a los que jamás traicionó, pero nunca fue la novia de ninguno de ellos». Quien sabe, quizás Fleming no conocía su verdadero pasado. O quizás si, y simplemente prefirió endulzarlo con elegancia.

El recuerdo de Rose Dunn sigue vibrando en la música. *Rose of Cimarron* es el título de una canción de una banda de country rock .

Una de las mujeres que alcanzó más notoriedad en el lejano Oeste como forajida pasó sus últimos años como una elegante e inofensiva dama. Quizás, cada vez que contemplaba desde el porche los parajes que rodeaban su casa, sentía bullir en su sangre la llamada de los que sin duda fueron los dos años más auténticos y apasionados de su vida.

Los miembros de la banda de Sundance Kid.
De izquierda a derecha (sentados): Sundance
Kid, Tall Texan, Butch Cassidy). De pie: Will
Carver y Harvey Logan (alias Kid Curry).
Foto tomada en Fort Worth (Texas) en 1901.

Etta Place y Sundance Kid

La banda de forajidos de Butch Cassidy se relacionó con varias jóvenes prostitutas.
Primer plano de izquierda a derecha: Ann Bassett y Josie Bassett.
Atrás, a la derecha Della Moore, novia de Kid Curry.

Pearl Hart, célebre forajida a cuya cabeza pusieron precio

Rose Dunn, conocida también como «La Rosa Cimarrón».